글 스튜디오 울림

학습 만화 콘텐츠를 만들어 내는 창작 집단입니다. 어린이들이 즐겁게 읽으며 감동받을 수 있는 이야기를 쓰기 위해 누구보다 열심히 고민하고 노력합니다. 현재 〈who?〉 시리즈 집필에 전념하고 있습니다.

그림 김정욱

모든 것을 어린이의 눈높이에서 바라보기 위해 노력하는 작가입니다. 좋은 그림을 통해 어린이들의 꿈이 자라나길 바라는 마음으로 작업하고 있습니다. 작품으로는 《기초응용수학》, 《개념스쿨》, 〈who?〉 시리즈 등이 있습니다.

감수 경기초등사회과연구회
진로 탐색 감수 이랑(한국고용정보원 전임연구원)
추천 송인섭(숙명 여자 대학교 명예 교수)

 세계 인물

지크문트 프로이트

개정판 1쇄 인쇄 2024년 11월 15일
개정판 1쇄 발행 2025년 1월 1일

글 스튜디오 울림 **그림** 김정욱

펴낸이 김선식
펴낸곳 다산북스

부사장 김은영
어린이사업부총괄이사 이유남
책임편집 박세미 **디자인** 김은지 **책임마케터** 김희연
어린이콘텐츠사업1팀장 박정민 **어린이콘텐츠사업1팀** 김은지 박세미 강푸른
마케팅본부장 권장규 **마케팅3팀** 최민용 안호성 박상준 김희연
편집관리팀 조세현 김호주 백설희 **저작권팀** 이슬 윤제희 **제휴홍보팀** 류승은 문윤정 이예주
재무관리팀 하미선 김재경 임혜정 이슬기 김주영 오지수
인사총무팀 강미숙 이정환 김혜진 황종원
제작관리팀 이소현 김소영 김진경 최완규 이지우 박예찬
물류관리팀 김형기 김선민 주정훈 김선진 한유현 전태연 양문현 이민운

출판등록 2005년 12월 23일 제313-2005-00277호
주소 경기도 파주시 회동길 490
전화 02-704-1724 **팩스** 02-703-2219
다산어린이 카페 cafe.naver.com/dasankids **다산어린이 블로그** blog.naver.com/stdasan
종이 신승NC **인쇄** 북토리 **코팅 및 후가공** 평창피앤지 **제본** 대원바인더리

ISBN 979-11-306-5834-6 14990

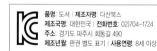

품명: 도서 | **제조자명:** 다산북스
제조국명: 대한민국 | **전화번호:** 02)704-1724
주소: 경기도 파주시 회동길 490
제조년월: 판권 별도 표기 | **사용연령:** 8세 이상

※ KC마크는 이 제품이 공통안전기준에 적합하였음을 의미합니다.

지크문트 프로이트

Sigmund Freud

다산
어린이

자신만의 멘토를 만날 수 있는
who? 시리즈

　다산어린이의 〈who?〉 시리즈는 어린이들은 물론 어른들에게도 재미와 감동을 주는 교양 만화입니다. 〈who?〉 시리즈는 전 세계 인류에 영향력을 끼친 인물들로 구성되었으며 인물들의 삶과 사상을 객관적으로 전해 줍니다.

　이처럼 다양한 나라와 분야에서 활약한 위인들의 이야기를 통해 과학, 예술, 정치, 사상에 관한 정보는 물론이고, 나라별 문화와 역사까지 배우게 될 것입니다. 〈who?〉 시리즈의 가장 큰 장점은 위인들이 그들의 삶에서 겪은 기쁨과 슬픔, 좌절과 시련, 감동을 어린이들이 함께 느낄 수 있다는 것입니다. 어린이들은 이 책을 읽으면서 폭넓은 감수성을 함양하게 됩니다.

　〈who?〉 시리즈의 어린이 독자들이 책 속의 위인들을 통해 자신만의 멘토를 만나 미래의 세계적인 리더로 성장하기를 진심으로 응원합니다.

존 덩컨 미국 UCLA 동아시아학부 교수

존 덩컨(John B. Duncan) 교수는 한국학 분야의 세계적인 석학으로 미국 UCLA 한국학 연구소 소장 및 동 대학의 동아시아학부 교수를 겸직하고 있습니다. 하버드 대학교 교환 교수와 고려 대학교 해외 교육 프로그램 연구센터장을 역임했으며, 주요 저서로는 《조선 왕조의 기원》, 《조선 왕조의 시민 행정의 제도적 기초》 등이 있습니다.

세상을 더 나은 곳으로 만든
사람들의 이야기

어린이들은 자라면서 수많은 궁금증을 가지게 됩니다. 그중에서도 "저 사람은 누굴까?"라는 질문은 종종 아이들의 머릿속을 온통 지배해 버리기도 합니다. 다산어린이에서 출간된 〈who?〉 시리즈는 그런 궁금증을 해결해 주기 위해 지구촌 다양한 분야의 리더들을 소개하고 있습니다.

〈who?〉 시리즈에 등장하는 인물들은 인종과 성별을 넘어 세상을 더 나은 곳으로 만든 사람들입니다. 어린이들은 이 책에서 디지털 아이콘으로 불리는 스티브 잡스는 물론 니콜라 테슬라와 같은 천재 발명가를 만날 수 있습니다.

책 속 주인공들의 어린 시절 이야기를 통해 도전과 성취감을 함께 맛보고, 그들과 함께 성장하면서 스스로 창조적이고 인류에 도움이 되는 사람이 되겠다는 포부와 자신감을 갖게 될 것입니다.

〈who?〉 시리즈 속에서 다채롭고 생동감 넘치는 위인들의 이야기를 만나 보세요.

에드워드 슐츠 하와이 주립 대학교 언어학부 교수

에드워드 슐츠(Edward J. Shultz) 하와이 주립 대학교 언어학부 교수는 동 대학의 한국학센터 한국학 편집장을 역임한 세계적인 석학입니다. 평화봉사단 활동의 하나로 한국에서 영어 교사로 근무한 경험이 있으며, 현재 한국과 미국, 일본을 오가며 활발한 활동을 펼치고 있습니다. 저서로는 《중세 한국의 학자와 군사령관》, 《김부식과 삼국사기》 등이 있고, 한국 중세사와 정치에 대한 다수의 기고문을 출간했습니다.

미래 설계의 힘을 얻는 길이 여기에 있습니다

어린이가 성장하는 시기에는 스스로 미래를 설계하며 다양한 책을 접하는 경험이 필요합니다.

어린 시절 만난 한 권의 책이 인생에 미치는 영향이 얼마나 큰지는 꿈을 이룬 사람들의 말을 통해서 알 수 있습니다. 빌 게이츠는 오늘날 자신을 만든 것은 동네의 작은 도서관이었다고 말하고, 오프라 윈프리는 어린 시절 유일한 친구는 책이었음을 고백하며 독서의 중요성에 대해 이야기합니다.

꿈을 이룬 사람들의 공통점은 또 있습니다. 그들에게는 어린 시절, 마음속에 품은 롤 모델이 있었습니다. 여러분의 롤 모델은 누구인가요? 〈who?〉 시리즈에서는 현재 우리 어린이들이 가장 닮고 싶어하는 롤 모델을 만날 수 있습니다. 버락 오바마, 빌 게이츠, 조앤 롤링, 스티브 잡스 등 세상을 바꾼 사람들의 감동적인 이야기를 담은 〈who?〉 시리즈는 어린이들이 구체적인 목표를 설정하고 희망찬 비전을 세울 수 있도록 도와줄 친구이며 안내자입니다. 〈who?〉 시리즈를 통하여 자신의 인생 모델을 찾고 미래 설계의 힘을 얻을 수 있습니다.

송인섭 숙명 여자 대학교 명예 교수

숙명 여자 대학교 명예 교수이자 한국영재교육학회 회장으로 자기주도학습 분야의 최고 권위자입니다. 한국교육심리연구회 회장, 한국교육평가학회 회장, 한국영재연구원 원장을 역임했습니다. 자기주도학습과 영재 교육의 이론을 실제 교육 현장에 적용하기 위해 노력하고 있습니다.

평생을 이끌어 줄
최고의 멘토를 만날 수 있는 책

10대에 가장 중요한 것은 무엇일까요? 학과 공부와 입시일까요? 우리나라 최초의 국제회의 통역사로 30년 동안 활동하면서 글로벌 리더들을 만날 기회가 수없이 많았던 저는 대한민국의 초등학생들에게 특별한 조언을 해 주고 싶습니다. 그것은 큰 꿈을 가지는 것이 무엇보다 중요하다는 것입니다.

꿈은 힘들고 지칠 때 나를 이끌어 주는 힘이고 내 인생의 주인이 되어 일어설 수 있게 하는 원동력이 되어 줍니다. 꿈이 있는 아이가 공부도 잘하고 결국 그 꿈을 실현할 수 있게 되는 것입니다. 저 역시 어린 시절 품었던 꿈이 지금의 자리에 있게 한 원동력이었습니다. 남들이 모르는 큰 꿈을 마음속에 간직하고 있었기에 괴롭고 힘들어도 포기하지 않고 다시 일어설 수 있었습니다.

어린 시절 저에게도 힘들고 지칠 때마다 용기를 불어넣어 주고 힘이 되어 주었던 분들이 있었습니다. 지금의 자리로 저를 이끌어 준 멘토들처럼 〈who?〉 시리즈에서 여러분의 친구이자 형제, 선생이 되어 줄 멘토를 만날 수 있기를 바랍니다.

최정화 한국 외국어 대학교 교수

우리나라 최초의 국제회의 통역사로 현재 한국 외국어 대학교 통번역 대학원 교수로 재직 중입니다. 세계 무대에서 자신의 꿈을 이룬 여성 신화의 주인공으로, 역시 세계에서 꿈을 펼치려고 하는 청소년들에게 멘토로서의 역할을 충실히 하고 있습니다. 저서로는 《외국어 내 아이도 잘할 수 있다》, 《외국어를 알면 세계가 좁다》, 《국제회의 통역사 되는 길》 등이 있습니다.

차 례

Sigmund
Freud

- 이름: 지크문트 프로이트
- 생몰년: 1856~1939년
- 국적: 오스트리아
- 직업·활동 분야:
  정신 분석학자
- 주요 업적: 《꿈의 해석》을
  쓴 정신분석의 창시자

지크문트 프로이트

'무의식'을 발견한 정신 분석의 창시자예요. '오이디푸스 콤플렉스'라는 용어를 만들기도 했지요. 프로이트는 눈에 보이지 않는 인간의 정신을 연구하기 위해 많은 시행착오를 거쳐야만 했어요. 그는 어떻게 포기하지 않고 정신 분석이라는 학문 분야를 세울 수 있었을까요?

에른스트 브뤼케

프로이트가 존경했던 인물로, 프로이트는 브뤼케의 생리학 실험실에서
연구원으로 일하며 많은 것을 배웠어요. 프로이트가 힘들어 할 때 파리
유학을 보내 주는 등 큰 힘이 되었어요.

장 마르탱 샤르코

프로이트가 프랑스로 유학을 떠났을 때 강의를 했던 의사예요. 여성의
히스테리를 최면술을 이용해 치료했지요. 프로이트는 그의 영향을 받아
정신 분석학을 연구하기 시작했어요.

들어가는 말

■ 보이지 않는 세계인 '무의식'을 발견하며 현재까지도 많은 영향을 미치고 있는 프로이트의
삶과 업적을 만나 보아요.

■ 유대인을 향한 차별의 시선이 가득했던 20세기 초의 상황을 이해해 보아요.

■ 프로이트가 환자를 돌보고 그들의 정신을 연구하는 모습을 살펴보며, 정신과 의사가 되려면
어떤 덕목들이 필요한지 생각해 보아요.

1 프라이베르크에서의 어린 시절

어이쿠, 그놈 울음소리 한번 우렁차구나.

아이의 이름은 뭘로 하죠?

네가 지기구나!

으앙.

아들아, 가만히 좀 있어라.

그럼, 지기와 자주 어울러야겠어요. 지기는 정말 얌전하거든요.

욘은 가만히 있질 못하는 게 아무래도 장난꾸러기가 되겠는걸?

아주 똘똘해 보이기도 하네요.

우리 욘과 좋은 친구가 되어 주렴. 잘 부탁한다.

몇 년 뒤, 봄날.

이거 봐!

애벌레다!

나 이거 가질래!

나도, 나도!

내가 먼저 말했어.

나도 가지고 싶단 말이야.

찌릿

내가 삼촌이니까 내가 가질래!

엄마, 욘이 이제 나랑 안 놀면 어떻게 해?

싸워 놓고 걱정되니?

응.

그럼 욘한테 네가 먼저 사과하렴.

먼저 사과하는 사람이 더 용기 있는 거란다.

더 용기 있는 사람이라고?

엄마, 나 잠깐만 어디 갔다 올게.

찾았다!

불쑥

저기……

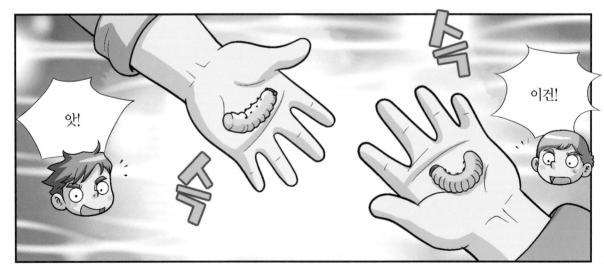

지기와 욘은 서로에게 있어 처음 사귄 또래 친구이자, 놀이 친구였습니다. 둘은 때때로 다투기도 했지만, 돈독한 우정을 쌓으며 어린 시절의 좋은 친구로 지냈습니다.

엄마, 욘과 화해해서 정말 다행이야.

그러니? 욘이 정말 좋은가 보구나.

응!

욘이 없으면 얼마나 심심한데.

그런데 말이지.

내가 제일 좋아하는 사람은 따로 있어.

지기!

할아버지랑 어디 가는 거야?

할아버지 아니야!

우리 아빠라고!

정말? 미안해.

친구들이 자꾸 아빠를 할아버지라고 해서 속상해.

하하. 지기, 얼른 가자꾸나.

왜 아빠는 친구들 아빠와는 다르지?

지기, 무슨 생각을 그렇게 하니?

유모, 아무리 생각해도 아빠는 엄마랑 안 어울려.

뭐라고?

저기 봐. 형이랑 엄마가 훨씬 잘 어울리잖아.

사실 엄마와 첫째 형이 부부고 아빠는 할아버지가 아닐까?

그런 말하면 안 돼. 지기의 엄마, 아빠는 잘 어울리는 부부란다.

아빠는 엄마보다 나이 든 유모랑 잘 어울린다고.

아니야. 친구들이 자꾸 아빠 보고 할아버지 같다고 한단 말이야.

그리고 말이야. 왜 내가 욘의 동생이 아니라 삼촌인지도 잘 모르겠어.

그건 지기의 아빠가 욘에게는 할아버지라서 그렇단다.

나이 차이가 많이 나는 엄마와 아빠, 엄마보다 나이 많은 *이복형들. 어린 나이였던 지기는 복잡한 가족 관계 때문에 혼란을 느끼기도 했습니다.

*이복형: 아버지는 같고 어머니는 다른 형

그리고 그런 지기에게 더 큰 혼란을 주는 일이 일어났습니다.

오늘 모두를 부른 것은 한 가지 말씀드릴 게 있어서예요.

곧 지기의 동생이 태어날 거예요. 모두 축복해 주셨으면 합니다.

정말 잘됐습니다!

지기에게 동생이 생기는 거군요!

이 아이도 지기만큼 사랑스러울 거라고 생각해요.

지기도 동생을 정말 좋아할 것 같네요.

동생이라고?

동생이라니, 믿을 수 없어.

어? 지기가 어디 갔지?

그러게요. 아까부터 안 보이던데.

탁

탁

엄마는 나만 사랑한다고 했는데.

유모, 엄마가 동생만 사랑하면 어떻게 하지?

지기, 그럴 일은 없을 거다.

난 엄마가 나만 사랑해 줬으면 좋겠어.

엄마는 여전히 지기를 사랑하고 있단다.

아니야. 동생이 태어나면 엄만 나보다 동생을 더 좋아할 거야!

난 동생이 싫어! 동생이 없었으면 좋겠어.

와 락

지기는 엄마가 곧 태어날 동생을 자신보다 더 사랑할까 봐 무척 불안해했습니다.

6개월 뒤

지기, 이리 와 보렴.

엄마는 안나랑 지기, 모두 모두 정말 사랑해.

꼬옥

하지만 안나에게는 비밀인데, 엄마는 지기를 조금 더 사랑한단다.

지기는 엄마가 변함없이 자신을 사랑해 준다는 것을 깨닫고 더는 슬퍼하지 않았습니다.

지기가 불안해한다는 걸 말씀드리길 잘했어.

몇 년 뒤, 지기의 가족들은 정들었던 프라이베르크를 떠나 다른 도시로 이사를 했습니다.

가족이 도착한 곳은 오스트리아 제국의 수도로,
이전까지 살던 곳보다 훨씬 크고 복잡한 도시였습니다.

여긴 너무 낯설어.
산도 나무도 보이지 않고,
건물과 사람들만 빽빽해.

우리 이제
여기서 사는
거예요?

그래, 지기.
이곳이 우리가
살 곳이란다.

으악!
쓰레기통 봐.
더러워……

난 여기가 싫어.
아름다운 숲이 있었던
프라이베르크로
돌아가고 싶어.

지크문트 프로이트의 성공 열쇠

지크문트 프로이트는 인간의 '무의식'을 발견해 낸 위대한 탐구자입니다. 의사였던 그는 수많은 환자를 진료하면서 인간의 정신 속에는 자신도 알 수 없는 정신세계가 숨어 있다는 것을 밝혀냈지요. 그리고 그 정신세계가 인간의 성격과 감정, 행동에 큰 영향을 끼친다는 사실 또한 알아냈어요. 여기서 말하는 '자신도 알 수 없는 정신세계'가 바로 무의식입니다. 프로이트는 그때까지 누구도 알지 못했던 무의식을 발견함으로써 인간의 정신 연구에 새 지평(가능성)을 연 것입니다.

프로이트는 넉넉지 못한 유대인 가정에서 태어나, 유대인을 차별하는 사회적 분위기 속에서 자랐어요. 거기다 인간의 정신이라는 새로운 분야를 연구했기 때문에 연구를 제대로 인정받기도 힘들었지요. 그는 연구 성과를 발표할 때마다 큰 비난을 받았고, 대학 강사 자리를 박탈당하기까지 했답니다. 프로이트가 정신 분석학을 제대로 인정받기까지 무척 오랜 시간이 걸렸어요. 하지만 이런 환경 속에서도 프로이트는 연구를 멈추지 않았어요. 그리고 무의식의 발견이라는 업적을 세울 수 있었지요. 자, 이제 위대한 탐구자 프로이트의 성공 비결을 알아볼까요?

세계적인 사진 잡지였던 〈라이프〉에 실린 프로이트의 모습

프로이트가 태어난 프라이베르크의 집. 현재 이 지역은 체코 땅에 속해 있습니다. ⓒ Qex

하나 ## 차별을 극복하다

1856년, 오스트리아 제국의 작은 도시에서 태어난 프로이트는 다섯 살 무렵, 가족들과 함께 오스트리아 제국의 수도 빈으로 이사를 했습니다. 그곳은 유럽의 다른 지역보다는 나은 편이었지만, 유대인을 차별하는 풍습이 남아 있는 곳이었지요.

학교에 들어간 프로이트도 유대인이라는 이유만으로
차별을 당했습니다. 동급생들은 유대인 따위가
공부를 잘하면 뭐 하냐며 프로이트를 괴롭혔고,
프로이트는 무척 괴로워했지요.
하지만 다행히도 이 시기, 유대인에 대한
사회적인 분위기가 조금씩 바뀌고 있었습니다.
오스트리아에서는 차별 금지법이 통과하면서
유대인의 사회 진출이 활발하게 이루어졌지요.
또, 프로이트는 혹여나 친구들의 괴롭힘이
계속되더라도 마음속 우상이었던 한니발처럼
고난에 굴복하지 않겠다고 결심했습니다.
프로이트는 이런 각오로 열심히 공부했습니다.
학교를 다니는 내내 일 등을 놓치지 않으며, 그를
괴롭히던 동급생들의 코를 납작하게 해 주었어요.
이후로도 유대인에 대한 차별은 프로이트를 계속
괴롭혔지만, 그는 그때마다 당당하게 맞서서 훌륭하게
극복해 냈답니다.

프로이트가 1891년부터 살았던 빈의 공동 주택. 이곳은 1971년에
프로이트 박물관으로 개관했습니다. ⓒ Lerner.hu

프랑스 루브르 박물관에 소장된 대리석으로 만든
한니발의 동상

who? 지식사전

반유대주의

반유대주의는 서구 사회에 뿌리 깊이 박힌 유대인에 대한 차별과 증오, 박해와 같은 태도를
의미해요. 종교적인 차이에서 시작된 이 태도는 약 2,000년 전부터 이어져 내려왔습니다.
이 때문에 유대인들은 역사적으로 많은 수난을 겪어야만 했지요. 남겨진 기록에 의하면
기원전 6세기 바빌로니아에 의해 유대인들은 전 세계로 뿔뿔이 흩어져야 했고, 기원전
5세기에는 이집트 신관들이 나일강 근처에 있던 유대교 사원을 마구 파괴하기도 했습니다.
유럽에서는 중세 시기 이후, 유대인을 강제로 한곳에 모여 살도록 합니다. 그리고 이렇게
유대인이 모여 사는 지역을 '게토'라는 이름으로 불렀지요. 이것은 유대인에 대한 차별을
보여 주는 대표적인 예입니다. 유대인에 대한 차별은 이후로도 계속 이어졌어요. 그러다
제2차 세계 대전 당시, 독일의 독재자 히틀러는 수백만의 유대인들을 학살하는 끔찍한
범죄를 저지르기도 했습니다.

나치 독일 시기, 유대인을 격리하
기 위해 달았던 배지. 이 배지를
단 많은 유대인이 이유 없이 희생
당했습니다. ⓒ Threedots

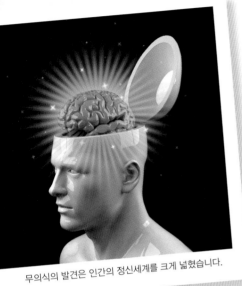

무의식의 발견은 인간의 정신세계를 크게 넓혔습니다.

1900년에 출간된 《꿈의 해석》 초판의 속표지

둘 비난에 꺾이지 않는다

프로이트가 살던 시기, 사람들은 인간의 정신이 '이성'을 바탕으로 한 명확한 '의식'이라고 생각했습니다. 이성은 인간의 '생각하는 능력'을 뜻하는 말로, 인간은 동물과 달리 늘 이성을 가지고 사고하고 판단한다고 여겼습니다. 그랬기 때문에 인간의 정신에 알 수 없는 영역이 있다고는 누구도 상상하지 못했습니다. 이런 사회적 분위기 속에서 프로이트는 인간에게 스스로 파악할 수 없는 정신세계가 있고, 그 정신세계가 인간의 다양한 부분에 큰 영향을 미친다고 주장했습니다.

프로이트의 주장은 당시로써는 굉장히 파격적인 내용이었습니다. 하지만 학자들은 프로이트가 유대인이라는 점을 들어 그의 이론을 더욱 무시했고, 의대에서 강의할 수 있는 강사 자격까지 박탈했습니다. 프로이트는 이런 비난에 큰 충격을 받았어요. 그는 빈 의사 협회에 다시는 나가지 않겠다고 결심했지요. 하지만 자신의 주장을 꺾고 연구를 포기한 것은 아닙니다. 그는 어떤 비난에도 자신의 연구에 대한 확신을 잃어버리지 않았습니다. 그가 만약 사람들의 비난에 굴복해 인간의 정신에 대한 연구를 접었다면, 우리는 아직도 정신 깊은 곳에 무의식이 있다는 사실을 알지 못했을 수도 있습니다.

셋 자신의 정신을 분석하다

프로이트는 수천 명에 달하는 환자들을 직접 치료하며 그들의 증상과 치료 방법, 치료 뒤의 상황들을 분석해 자료로 남겼어요. 또한 환자들을 분석하는 데서 그치지 않고, 자신의 정신을 분석해 그 결과를 연구에 반영하기도 했습니다.

프로이트는 아버지가 돌아가신 뒤, 어린 시절의
경험과 꿈을 분석하면서 아버지와 사이가 좋지
못했던 이유가 무엇인지 깨닫게 되었습니다.
그것은 그가 어머니에게 더 큰 사랑을 받기 위해
무의식적으로 아버지를 경쟁자로 여기고 있었기
때문이었지요. 프로이트는 이런 마음이 어머니의
사랑을 받고 싶어 하는 대부분의 남자아이들에게서
발견된다며 이것을 '오이디푸스 콤플렉스'라고 이름
지었습니다. 프로이트는 이렇듯 환자뿐 아니라,
자신의 정신까지 연구 대상으로 삼으며 인간의
정신에 대한 새로운 이론을 밝혀냈습니다.

프로이트가 사랑했던 그의 어머니. 아말리아 프로이트

넷 끊임없이 연구하다

프로이트는 인간의 정신세계를 분석하면서 여러 번의
위기를 겪었습니다. 동료 의사가 연구 성과를 가로채기도
했고, 의사 협회에서 큰 비난을 당하기도 했어요. 그의
연구를 집대성한 책《꿈의 해석》은 1900년에 고작 600부를
출간했는데, 그나마도 다 팔리는 데 6년이라는 세월이
걸렸습니다. 한편, 노년에는 구강암에 걸려 서른 번이
넘는 수술을 받았고, 두 번에 걸친 세계 대전을 겪으며
전쟁의 참상을 직접 목격하기도 했지요.
이처럼 프로이트는 평생 많은 고난을 겪었습니다.
하지만 그는 인간 정신에 대한 연구를 포기하지
않았고, 평생 수십 편에 달하는 논문과 십여 권의 책을
출간했습니다. 프로이트가 정신 분석의 새로운 지평을
연 위대한 연구자가 될 수 있었던 건 이처럼 어떤 고난에도
연구를 그만두지 않았던 그의 끊임없는 연구 정신이 있었기
때문입니다.

영국 런던에 있는 프로이트 동상 ⓒ Mike Peel

2 차별을 극복하다

오스트리아 제국은 전통적으로 유대인들에 대한
차별이 심한 곳이었지만, 지기가 열한 살이 되던
해에 법적으로 차별이 금지되었습니다.

드디어
유대인을 차별하던
법률이 폐지되었어!

정말요?

그렇소.
그것뿐만이 아니라
많은 유대인이 정부 일에
참여할 수 있게
되었다는군!

이제 우리 아이들도
열심히 공부하면 장관이
될 수 있겠어요!

유대인이었던 지기의 가족에게
이 소식은 무척이나 기쁜
일이었습니다.

그렇고말고!

지기, 벌써 학교 가니?

얼른 가서 책을 좀 읽으려고요.

다녀오겠습니다!

우리 집에서 장관이 될 사람이 나온다면, 아마 지기밖에 없을 거예요.

나도 동감하오. 지기는 책을 무척이나 좋아하고, 학교도 남보다 일 년 일찍 들어갈 정도로 똑똑하잖소.

하지만 여전히 유대인을 안 좋게 생각하는 사람이 많은데 지기가 잘할 수 있을까요?

나도 그게 걱정이오. 유대인이라고 따돌리는 못된 아이들도 있다던데.

정말요?

내가
제일 먼저 왔네?

오늘은 이걸
읽어야겠다.

저 자식,
유대인 주제에 공부 좀
한다고 잘난 척한다니까.

눈에 엄청나게
거슬린다고.

뭐라고?

유대인은 공부해도 소용없다고!

맞아. 우리 아빠가 유대인은 공부를 잘해도 어차피 높은 자리에 올라갈 수 없다고 했어.

아니야! 유대인 차별 금지법이 통과되었다는 소리 못 들었니?

푸하하, 차별 금지법? 그게 효과가 있겠냐?

지기, 진정해.

아니야. 이제 유대인도 장관이 될 수 있고, 정부 일에도 참여할 수 있다고!

할 수 있나 보자. 이 유대인 자식아.

윽!

탁

지기는 학교에서 유대인이라는 이유만으로 미움을 받기도 했습니다.

지기!

학교에서 무슨 일 있었니?

아무것도 아니에요.

도대체 무슨 일이냐!

그게요……. 오늘 학교에서 유대인이라는 이유만으로 아이들에게 괴롭힘을 당했어요.

그런 일이
있었구나.

유대인이라는 것
때문에 차별받고
괴롭힘당하는 것이
너무 화가 나요.

그래, 그렇겠지.
하지만 옛날에
비하면 점점
좋아지고 있는
거란다.

내가 젊었을 때였어.
어느 날, 난 잘
차려입고 거리를
나섰지.

그런데 길에서
한 사람을
마주쳤단다.

유대인이
감히 내 앞을
가로막아?

그 사람은 내가
유대인이라는 이유만으로
모자를 뺏어 진흙탕에
집어 던지며 길에서
비키라고 말했지.

첨벙

그래서 어떻게 하셨어요?

모자를 던진 나쁜 놈을 잡아다 혼내 주셨나요?

네 말대로 하고 싶었지만 쉽지 않았단다.

그때는 유대인들이 많은 차별을 받았을 때란다. 맞서 싸우는 일은 꿈도 꿀 수 없었지. 난 그저 조용히 모자를 주울 수밖에 없었단다.

조금만 더 견뎌 보자. 유대인에 대한 차별은 점점 나아지고 있으니.

지기는 부당한 대우에 제대로 저항하지 못한 아버지의 행동에 크게 실망했습니다.

견디고 참기만 하라고? 괴롭힘을 이겨 내는 용감한 유대인이 되라고 할 줄 알았는데, 정말 실망이야.

가자, 지기.

뭘 찾고 있니?

이거요! 한니발에 관한 책!

아버지에게 실망한 지기는 책에서 읽은 한니발의 모습을
본받아야겠다고 생각했습니다. 한니발은 거대한 로마 제국을
물리치기 위해 노력한 용맹한 장군으로, 유대인이라는 이유만으로
괴롭힘받던 지기가 존경할 만한 영웅이었습니다.

지기는 공부에 열중하며 힘든 시간을 꿋꿋이 견뎠습니다.

그동안 유대인들이 많은 차별을 받았던 것은 사실이다.

하지만 이제 유대인도 노력한 만큼 무엇이든 이룰 수 있게 되었다. 모두 지기의 노력을 본받도록 해라.

변화하는 사회 분위기 속에서 지기는 한 사람의 유대인으로서 당당하게 설 수 있었습니다.

오빠에게만 따로요? 그럼 저희는요?

오빠가 혼자서 방을 쓰면 우리는 모두 한방을 써야 하잖아요!

너희는 어리잖니.

오빠가 너희와 함께 방을 쓰면, 너희도 불편하고 오빠도 불편할 거란다.

우리도 공부하는데······.

지기는 제일 큰 형이고, 중요한 시험을 앞두고 있으니 이번만 너희가 이해했으면 좋겠구나.

모두 미안해. 하지만 함께 방을 쓰면 공부에 방해되는 것은 사실이야. 너희가 조금 양보해 주라.

오빠 혼자만 방을 쓰다니. 나도 내 방을 갖고 싶은데.

엄마는 맨날 오빠만 좋아해.

아빠도 마찬가지야.

기분도 안 좋은데 피아노나 칠까?

응, 쳐 줘. 언니!

오빠는 공부를 잘하지만, 피아노만큼은 내가 오빠보다 잘 친다고!

띠 리 리 링

지기, 이번 시험이 중요하다고 하던데 잘할 수 있지?

걱정하지 마세요.

아니, 이 녀석이. 레슨 시간도 아닌데.

띠링

놔두세요. 저는 괜찮아요.

아니다. 이렇게 시끄러운데 집중이 되겠니?

안나에게 한동안 피아노를 치지 말라고 해야겠어.

안나, 좀 조용히 하지 못하겠니?

오빠가 중요한 시험을 앞두고 있다고 했잖니!

한동안 피아노는 금지다!

그러지 마세요.

분명히 오빠가 중요한 시험을 앞두고 있다고 말했는데도 이렇게 행동한 것은 잘못한 거야.

공부를 잘했던 지기는 부모님의 기대를 한몸에 받았고, 다른 동생들에 비해 특별한 대우를 받았습니다.

너무해!

지기, 안나는 내가 달래마.

그러니 너는 공부에만 전념하도록 하렴.

엄마와 아빠가 나에게 정말 많은 대를 하고 계시구나.

어린 시절에는 엄마의 사랑을 독차지하고 싶었던 적도 있지만, 지금은 그 사랑이 조금은 부담스럽기도 해.

부모님을 실망시켜 드리기는 싫지만, 가끔은 너무 힘들어.

하지만 공부라는 게 꼭 부모님을 위해서 하는 것은 아니잖아. 난 내 자신을 위해서 공부하겠어!

어쨌든 난 책을 보면서 공부하는 것이 너무 즐겁고 재밌는걸.

때때로 부모님의 기대가 버겁게 느껴졌지만, 지기는 공부에 대한 열정으로 모든 것을 이겨 냈습니다.

난 이 사회를 위해 할 수 있는 일을 찾을 거야. 변호사도 좋고, 정치가도 좋겠지.

부럽다. 나도 내가 하고 싶은 일을 찾고 싶어.

평소에 흥미롭게 생각한 분야가 있지 않아? 그쪽 분야의 직업을 잘 찾아봐.

흥미로운 분야라.

지금은 딱히 없지만, 고민해 봐야겠어.

그래, 내가 도움이 되었다니 다행이다.

네 충고를 받아들여서 진로를 잘 생각해 볼게.

프로이트의 나라, 오스트리아

하나 유럽의 중심지, 오스트리아

오스트리아는 유럽의 중앙에 자리 잡은 나라로 스위스, 독일,
체코 등을 비롯해 8개국의 나라와 국경을 맞대고 있습니다.
이곳은 유럽의 중심지라는 지리적 특성 때문에 과거, 수많은
나라로부터 침략을 당했어요. 그러다 1200년경에는 유럽에
큰 영향을 끼친 합스부르크 왕가가 이 지역의 지배자가
되었습니다. 이후 오스트리아는 유럽을 이끄는 중심 지역
중 하나로 성장하게 됩니다.

1804년, 합스부르크가의 황제 프란츠 2세는 오스트리아
제국을 수립하며 지금의 '오스트리아'라는 국명을
만들었습니다. 그러다 1800년대 중반에 이르러서는
헝가리 귀족들과 손을 잡고 오스트리아-헝가리
제국을 세우기도 했지요. 하지만 이 제국은 오래가지
못했어요. 두 번에 걸친 세계 대전에서 연이어 패배했기
때문이지요. 패전국이 돼 십여 년간 승전국의 지배를 받은
오스트리아는 1955년, 앞으로 일어날 어떠한 전쟁에서도
한쪽의 편을 들지 않고 중립을 지키겠다고 선언하며 '영세
중립국'이 되었습니다.

아름다운 오스트리아 풍경. 오스트리아는 유럽의 중앙
에 자리하고 있습니다. © Accrochoc

둘 오스트리아의 수도, 빈

오스트리아의 수도는 독일에서 발원해 흑해까지 흐르는
다뉴브강 상류에 자리 잡은 도시 '빈'이에요. 이 도시는
오스트리아가 '제국'이라고 불리던 시기부터 수도였던 곳으로,
오스트리아 전체 인구의 4분의 1 정도가 이곳에 모여 살고
있지요.

빈은 아주 오래전부터 중부 유럽의 경제와 정치, 예술, 교통의 중심지였습니다. 도시 옆을 흐르는 다뉴브강은 예부터 북서 유럽과 남부 유럽을 잇는 중요한 수로였고, 13세기경에 개통된 빈의 남서쪽 고갯길은 동 알프스와 이탈리아를 잇는 중요한 육로였지요. 이렇듯 오랜 시간 동안 유럽의 중심지였던 빈에는 시대에 따라 다양한 양식의 아름다운 건물들이 세워졌어요. 대표적으로 도시 한가운데 세워진 성 슈테판 성당과 합스부르크 왕가의 여름 별궁인 쉰부른 궁전, 빈 국립 오페라 극장 등을 들 수 있습니다.

아름답고 푸른 다뉴브강 ⓒ lyng883

빈은 음악의 도시로도 유명합니다. 오스트리아를 지배했던 합스부르크 왕가는 재능 있는 음악가들에게 아낌없는 후원을 해 주었고, 이런 이유로 18~19세기에 전 유럽의 음악가들이 빈으로 모여들었기 때문이에요. 그래서 모차르트, 베토벤, 하이든, 슈베르트 등 이름만 대면 아는 세계적인 음악가들이 빈에서 활약했답니다. 지금도 빈에서는 국제적인 음악 콩쿠르가 많이 개최되고 있습니다.

천재 음악가 모차르트(1756~1791년) 역시 빈에서 활약했습니다.

who? 지식사전

빈 필하모닉 오케스트라

빈 필하모닉은 음악의 도시 빈을 대표하는 세계 최고 수준의 오케스트라예요. 1842년 창단된 이 오케스트라는 최초의 연주회 전문 악단으로 한스 리히터, 구스타프 말러, 펠릭스 바인가르트너 등 최고의 지휘자들을 초빙해 오케스트라를 꾸리며 명성을 얻었습니다. 1938년에는 오스트리아가 나치당이 이끄는 독일에 병합되면서 악단이 강제로 해산될 위기에 처하기도 했지만, 단원들과 오스트리아 음악계 인사들이 힘을 합쳐 이를 막았어요. 그리고 전쟁이 끝난 뒤, 활발한 활동을 통해 세계적으로 이름을 알렸지요. 현재 빈 필하모닉 오케스트라는 오스트리아 정부로부터 전용 여객기를 지원받아 활발한 해외 공연을 펼치고 있으며, 우리나라에도 공연을 위해 여러 번 방문했습니다.

빈 필하모닉 오케스트라 공연 모습 ⓒ Sunli.flutist

셋 **프로이트가 살았던 시기의 오스트리아**

프로이트는 1856년에 태어나 1939년에 사망하였습니다.
그가 살던 시기, 유럽은 다양한 정치적 변화와 두 번에
걸친 세계 대전, 세계적인 경제 위기인 대공황 등을 겪으며
요동쳤습니다.

프로이트가 태어난 시기, 오스트리아는 '오스트리아
제국'이라고 불렸습니다. 하지만 프로이트가 열 살이 되던
해에 프로이센과의 전쟁에서 패배함에 따라 1867년, 헝가리
귀족들과 손을 잡고 오스트리아-헝가리 제국을 세웠지요.
이 시기 오스트리아에서는 유대인에 대한 차별을
금지하는 법률이 통과되면서 유대인의 형편이 나아지기
시작했습니다. 실제로 1857년 오스트리아 수도 빈의
유대인 인구는 6,000명이었는데, 유대인 차별 금지법이
통과되면서 4만 명으로 증가했고, 1880년대에 이르자
7만 명 수준으로 급격하게 늘어났습니다. 이것은 그만큼
오스트리아가 유럽의 다른 지역보다 유대인이 살기 좋은
곳이었다는 것을 보여 주지요. 하지만 그렇다고 유대인들이
평등한 대우를 받았던 것은 아닙니다.

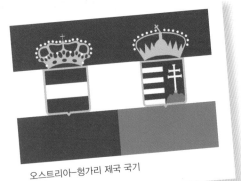

오스트리아-헝가리 제국 국기

프로이트가 살던 시기, 빈의 모습(1900년)

who? 지식사전

사라예보 사건이 일어난 라틴 다리
© Marcel Oosterwijk

사라예보 사건

세르비아는 동유럽에 있는 나라로 1389년 오스만 제국과의 전쟁에서 패배한 뒤,
러시아와 오스만 제국, 오스트리아와 같은 강대국들의 지배를 받았어요. 외세에
의해 오랫동안 지배를 받으며 독립의 열망을 불태운 세르비아는 1878년, 오스만
제국의 지배에서 벗어나 독립에 성공했습니다. 하지만 안타깝게도 30년이 지난 뒤,
오스트리아-헝가리 제국에 의해 영토의 일부인 보스니아 헤르체고비나 지역을
빼앗기고 말았지요. 오랫동안 독립을 염원했던 세르비아인들은 이것을 무척 분하게
생각했고, 빼앗긴 땅을 되찾기 위해 많은 노력을 기울였습니다.
이 시기, 세르비아인들에게 한 가지 소식이 들려왔어요. 오스트리아-헝가리 제국의

프로이트가 오랫동안 학자로서 인정받지 못했던 것은 오스트리아에 유대인에 대한 차별이 남아 있었다는 것을 보여 주는 증거라고 할 수 있어요. 프로이트가 쉰여덟 살이 되던 1914년, 제1차 세계 대전이 일어났습니다. 이 전쟁은 오스트리아-헝가리 제국의 황태자 프란츠 페르디난트가 세르비아계 청년에게 암살당한 사건을 계기로 발생했지요. 5년에 걸친 전쟁 끝에 오스트리아-헝가리 제국은 패배를 선언하며 해체되었고, 오스트리아는 전쟁의 혼란을 채 수습하기도 전에 대공황이라는 전 세계적인 경제 위기를 겪게 되었습니다. 이때를 틈타 독일의 독재자 히틀러는 나치를 이끌고 오스트리아를 독일의 지배하에 두었습니다. 또, 곧이어 제2차 세계 대전을 일으키며 오스트리아를 전쟁에 끌어들였어요. 이 시기 독일의 나치는 인종 차별 정책을 벌이며 유대인들을 대대적으로 탄압했고, 프로이트는 나치를 피해 70년 가까이 살아온 빈을 떠나 런던으로 망명했습니다.

오스트리아 황태자 부부의 암살 사건을 전하는 머릿기사.
이 사건은 제1차 세계 대전의 원인이 되었습니다.

제1차 세계 대전 이후 오스트리아-헝가리 제국이
해체되었습니다.

황태자 부부가 보스니아 헤르체고비나를 방문한다는 소식이었지요. 이 소식을 들은 보스니아 헤르체고비나 지역에 사는 4명의 젊은이들은 저항의 목적으로 황태자 부부를 암살(몰래 사람을 죽임)할 계획을 세웠고, 1916년 6월 28일 그 계획을 실행에 옮겼습니다. 운명의 그 날, 황태자 부부가 탄 차는 폭탄 테러를 당했습니다. 하지만 뭔가가 날아오는 것을 눈치챈 운전사가 속도를 높이는 바람에 폭탄은 차 뒷바퀴에 부딪힌 뒤, 뒤따라오던 차 밑에서 터졌지요. 황태자 페르디난트는 자기 때문에 많은 사람이 다쳤을 거라는 생각에 모든 일정을 취소한 채 병원으로 향했어요. 하지만 병원으로 향하는 도중, 라틴 다리에서 기다리고 있던 프린치프라는 세르비아계 청년에 의해 아내와 함께 암살당하고 말았지요.
이 사건으로 인해 오스트리아-헝가리 제국은 세르비아에 전쟁을 선포했고, 이 두 나라의 전쟁에 동맹 관계로 맺어져 있던 주변국들이 끼어들면서 본격적으로 제1차 세계 대전이 시작되었습니다.

3 의학의 길을 걷다

오늘 여기서 공개 강연이 있다던데.

웅성 웅성

칼 브륄 교수 괴테의 글 '자연'에 대해 공개 강연

우선 괴테의 〈자연〉이라는 수필을 들려주겠습니다.

자연은 모든 것이다.
자연은 거칠면서도 부드럽고,
다정하면서도 무시무시하며,
약하면서도 전지전능하다.

인간은 자연 속에
살면서도 자연의
이방인이다.

괴테의 이 수필은
자연에 대한
*경외심을 글로
풀어낸 것으로……

자연이 이렇게
위대한 것이었나.

자연의 위대함은
인간의 머리로 헤아릴
수조차 없구나.

1873년 가을, 프로이트는 칼 브륄 교수의 공개 강연을 듣고
자연을 탐구하는 것에 대해 깊은 감명을 받았습니다.

자연에 대해 더
많이 알고 싶어.

* 경외심: 공경하면서 두려워하는 마음

어? 벌써 해가 졌네.

자연을 깊이 탐구한 책들은 정말 재미있어. 대학에서 자연 과학을 공부하면 어떨까?

하지만 힘들겠지…….

프로이트!

왜 그렇게 힘이 없니?

진로 때문에 그래. 자연 과학이 무척 흥미로운데, 대학에서 공부하긴 힘들 것 같아서.

아무래도 그렇지. 자연 과학을 전공하면 학자의 길을 걸어야 하는데 우리 같은 유대인은 좀 힘들지.

맞아, 사회적으로 인정받지 못해 돈을 벌기 어려우니까.

아! 그러면 의과 대학에 가는 것은 어때?

의과 대학?

프로이트는 유대인으로서의 현실을 생각해 빈 대학교에 의과 대학생으로 입학했습니다. 그리고 이 시기, 그는 지기스문트라는 이름을 지크문트로 개명했습니다.

이 교수님은 정말 대단해. 대학교 내에 동상이 세워져 있다니.

열심히 공부하면…….

유대인인 나도 저렇게 동상이 세워질 만한 위대한 교수가 될 수 있겠지?

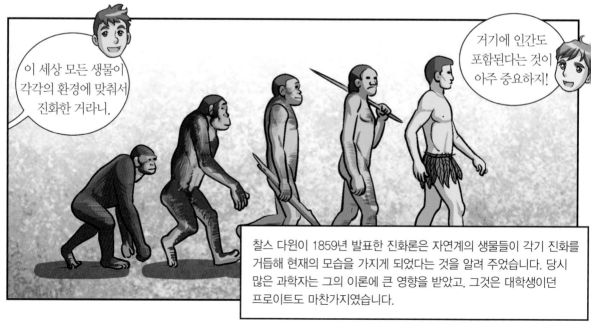

찰스 다윈이 1859년 발표한 진화론은 자연계의 생물들이 각기 진화를 거듭해 현재의 모습을 가지게 되었다는 것을 알려 주었습니다. 당시 많은 과학자는 그의 이론에 큰 영향을 받았고, 그것은 대학생이던 프로이트도 마찬가지였습니다.

다윈의 이론을 통해 여러 생물에 관심을 두게 된 프로이트는 몇 년 뒤, 저명한 과학자 에른스트 브뤼케의 *생리학 실험실 연구원 자리에 지원하게 됩니다.

생리학 실험실

여기가 브뤼케 교수님의 실험실인가?

어서 오게, 프로이트 군.

처음 뵙겠습니다, 브뤼케 교수님.

그렇습니다.

자네가 다윈의 이론에 관심이 많다지?

다윈은 인간도 자연의 일부로, 과학적인 탐구의 대상이 될 수 있다고 이야기했지. 자네도 동의하는가?

네, 물론입니다.

*생리학: 생물의 생명 현상을 자연 과학적으로 밝혀내는 학문

몇 년 뒤.

이제 척추 신경의 변화에 따라 가재의 몸에서 일어나는 신체 반응을 확실히 알겠어.

프로이트는 브뤼케의 실험실에서 일하며 동물의 *신경을 연구했습니다. 그는 이 시기, 여러 편의 논문을 발표해 좋은 성과를 거두었습니다.

이제 인간의 몸속 신경에 대해 연구해 보고 싶어.

*신경: 몸에서 일어나는 여러 가지 변화를 몸 곳곳에 전달해 주는 역할을 하는 몸속 기관

동물 다음에 인간을 연구하고 싶어 하는 것은 당연하지.

이제 자네도 인간의 신경에 대해 탐구해 보게나.

자네처럼 끊임없이 관찰하고 연구하는 사람이라면 좋은 결과를 얻을 수 있을 거야.

감사합니다, 교수님.

잘되었네, 프로이트.

이제 하고 싶은 연구를 할 수 있겠어.

나도 좀 본받아야겠어.

맞아. 우리도 분발해야겠는걸?

몇 년 뒤.

8년 만에 졸업을 하다니.

연구소 생활 때문인데요, 뭐.

프로이트는 실험실에서 일하며 남보다 3년 늦은
8년 만에 의학부 졸업 시험을 통과했습니다.
하지만 졸업한 뒤에도 의사가 되기보다는
실험실에 남고 싶어 했습니다.

졸업을 축하하네.

지기는 우리 집안의 자랑이에요.

그렇고말고.

프로이트는 졸업한 뒤, 실어증과 *뇌성 마비같이
인간의 뇌와 관련된 질병을 본격적으로 연구했습니다.

이 뇌성 마비 환자는 몇 년 동안 증상이 좋아지지 않고 있어.

뇌성 마비에 걸리는 원인은 무엇일까?

이게 인간의 뇌인데.

뇌에 어떤 문제가 생기면 뇌성 마비나 실어증에 걸리는 것일까?

온종일 연구에 공부에…… . 정말 대단한 친구야.

*뇌성 마비: 뇌가 손상되어 운동 기능이 마비된 상태

의학의 길을 걷다　**77**

오빠, 오랜만에 집에 왔네?

나도 좀 쉬어야지.

오늘 집에 친구가 놀러 오기로 했는데, 괜히 불렀나?

아니, 난 신경 쓰지 마.

오빠 말고, 내 친구가 불편할까 봐 한 이야긴데?

파닥

파닥

평소에 책을 많이 읽는다고 들었어요.

네, 저는 주로 소설을 읽어요. 특히, 괴테의 작품을 좋아하죠.

괴테요? 저도 굉장히 사랑하는 작가입니다.

하 하 호 호

프로이트와 마르타는 만난 지 3개월 만에 약혼했고, 언제나 함께할 것을 맹세했습니다.

마르타, 아름다운 당신과 언제나 함께하고 싶습니다.

프로이트!

서양 정신 의학의 역사

전 세계 정신 질환자 통계(붉은 지역일수록 정신 질환을 앓고 있는 사람이 많은 곳입니다.) ⓒ Lokal Profil

정신 의학이 가장 중요하게 연구하고 있는 것은 정신 질환입니다. 정신 질환은 원시 시대부터 현대에 이르기까지 많은 사람을 괴롭히고 있는 아주 오래된 질병 중 하나지요. 최근 정신 질환을 앓고 있는 사람이 점점 늘어나면서, 정신 의학 연구도 활발해지고 있습니다. 이제 정신 의학은 사람들의 의식과 무의식을 깊이 있게 연구하는 학문으로 연구의 폭을 넓혀 가고 있지요. 그럼 정신 질환이란 무엇인지, 옛날 사람들은 어떻게 이를 연구했는지 살펴보고, 정신 의학이 현재 어떻게 발전하고 있는지 알아봅시다.

하나   정신 질환이란?

불안한 것은 장애가 아니지만, 불안한 감정이 정상적인 범위를 넘어서면 불안 장애라고 해요.

어떤 증상을 정신 질환이라고 부를 것인지는 정신을 연구하는 학자들 사이에서 오래전부터 이야기되었던 주제입니다. 정신의 정상과 비정상을 판가름하는 기준은 빨간색과 파란색처럼 명확하게 구분되는 것이 아니기 때문입니다. 그래서 정상과 비정상을 결정하는 기준은 어떤 사회, 어떤 문화 속을 살아가느냐에 따라 달라지기도 하지요. 하지만 현대에 이르러 정보 통신의 발달로 전 세계의 문화가 공유되고 사회가 하나로 연결됨에 따라 정신 질환의 기준이 점점 보편화하고 있습니다.

오늘날 정신 질환은 '사람의 사고, 감정, 행동 같은 것에 영향을 미쳐 사회생활에 적응하지 못하고, 일상생활에 지장을 초래하는 병적인 정신 상태'라고 정의됩니다. 미국 정신 의학 협회에서는 정신 질환을 크게 열여섯 가지로 분류하는데,

치매, 정신 분열증, 불안과 수면, 충동 조절과 관련된 장애
등이 속해 있습니다.

둘 역사 속 정신 질환의 대처와 치료

원시 시대

이 시기 사람들은 정신 질환의 원인을 악령의
침입이라고 생각했습니다. 몸에 들어온 악령을 밖으로
내보내는 것에 치료의 초점을 맞췄지요. 이때 정신
질환의 치료는 신과 소통하고 영혼과 대화할 수 있는
'샤먼'이 도맡았습니다. 샤먼은 환자 몸에 들어가 있는
악령을 쫓아내고 건강한 영혼을 찾아 다시 몸 안으로
데려다줌으로써 치료를 마쳤지요.

샤먼은 몸속에 들어온 악령을 내쫓는 역할을 했습니다.

그리스 로마 시대

이 시기 사람들은 정신 질환의 원인을 이전 시대와 비슷하게
악령의 침입이나 신의 분노 때문이라고 생각했어요. 하지만
몇몇 철학자들은 깊은 고민과 탐구를 통해 다양한 원인과 치료
방법을 주장하기도 했습니다.

기원전 4세기경의 철학자인 플라톤은 정신 질환을 우매, 광기,
무지, 조증, 혼미, 치매, 우울증으로 분류하며, 정신 질환의
개념을 확실히 정립했습니다. 그는 정신 질환자들이 거리에서
방황하지 않도록 가족이 보살피거나 치료원으로 보내야
한다고 주장했지요. 비슷한 시기의 인물인 히포크라테스는
뇌가 너무 뜨겁거나, 차거나, 건조하면 정신 질환에
걸린다고 생각했어요.

의학의 아버지 히포크라테스
(B.C460~B.C377)

기원전 2세기경의 인물인 아스클레피아데스는 정신 질환이
감정의 문제 때문에 발생한다고 주장하며 정신 질환의 급성과
만성, 착각과 망상을 구분했습니다. 그는 정신 질환의 가장
좋은 치료 방법은 즐겁고 안락한 환경에서 요양하는 것이라고
이야기했지요.

중세 시대

이 시기의 정신 질환에 대한 연구와 치료는 유럽과 이슬람 지역을 중심으로 완전히 반대되는 길을 걸었어요. 유럽은 그리스 로마 시대 여러 철학자에 의해 발전된 정신 질환에 대한 탐구와 다양한 치료 방법을 후퇴시켰습니다. 이 시대 사람들은 정신 질환이 발생하는 원인을 원시 시대처럼 악령의 문제라고 생각했어요. 그래서 정신 질환자의 몸속에 들어온 악령을 쫓아내기 위해 정신 질환자를 쇠사슬에 묶어 놓거나 매질을 하며 굶겼고, 불에 태워 죽이기까지 했답니다.

하지만 비슷한 시기 이슬람에서는 정신 질환자가 악령에 사로잡힌 존재가 아닌, 신에게 은총을 받은 존재라고 생각했어요. 그래서 정신 질환자를 치료하거나 감금하지 않고 안락하게 보살피는 데 중점을 두었지요. 이슬람에서는 그들을 위해 바그다드, 카이로, 다마스쿠스 등의 주요 도시에 치료 시설을 세웠습니다.

중세 유럽 사람들은 정신 질환의 원인을 악령이라 생각하며 극단적인 방법을 사용하기도 했습니다.
ⓒ Robert Benner

근대

이 시기 가장 큰 변화는 정신 질환자들을 돌보는 대규모 수용 시설이 생겨났다는 점입니다. 하지만 환자들을 돌보기 위해 세워진 이 수용 시설들은 시간이 지남에 따라 정신 질환자의 치료보다는 격리를 위한 감금 시설로 이용되기 시작했어요. 게다가 이곳에 정신 질환자 이외에도 범죄자, 거지 등 사회적으로 문제가 될 만한 이들을 함께 가두기도 했지요. 이곳에 갇힌 사람들은 쇠사슬에 묶인 채 짚으로 된 침대에서 자야 했고, 아주 조금씩 나눠 주는 음식을 먹기 위해 서로 경쟁해야 했습니다. 다행히 18세기 말, 수용 시설을 치료와 회복을 위한 장소로 만들기 위한 시설 개혁 운동이 확산되었고 폭력과 굶김, 매질은 점차 사라지게 되었습니다.

런던의 정신 질환 수용 시설이었던 베들램 정신 병원은 환자를 학대하는 것으로 악명이 높았습니다.

셋   20세기 정신 의학

20세기 초 정신 의학은 정신 질환뿐 아니라
인간의 정신을 총체적으로 분석하는 학문으로
성장했어요. 정신 의학은 정신 분석학, 심신
의학, 정신 생물학이라는 3개의 방향으로 나뉘어
연구되었지요. 그중 정신 분석학은 지크문트
프로이트와 떼려야 뗄 수 없는 관계입니다. 정신
분석학이 의학의 한 분야로 인정받게 된 것은 모두
그의 활약 덕분이지요.

1911년에 개최된 정신 분석학 총회. 가장 가운데에 프로이트가
서 있습니다.

정신 분석학은 1, 2차에 걸친 세계 대전 동안 전쟁
스트레스에 노출된 군인들을 연구하면서 급속도로
발전했고, 프로이트가 죽고 난 뒤에도 끊임없이
새로운 이론을 발표하며 활발히 연구되고 있습니다.
심신 의학은 19세기 말에 시작된 정신 의학의
한 분야로 정신적 자극이 신체에 끼치는 피해를
연구하는 학문이에요. 이 학문은 정상인의 성격을
분류하는 체계를 만들어 성격에 따라 더 잘 걸리는
병이 있다는 사실이나, 만성 피로와 계절에 따른
우울증의 원인이 스트레스 등과 같은 정서적 문제에
있다는 연구 결과를 발표하고 있습니다.

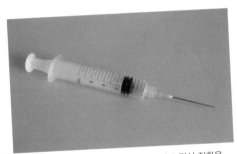

정신 생물학에서는 주사를 통한 약물 투여로 정신 질환을
치료하기도 합니다. ⓒ Biggishben

마지막으로 정신 생물학은 정신 질환의 원인이 신체적인
문제에 있다는 판단 아래 신체에 충격을 줌으로써 정신 질환을
치료할 방법을 연구하는 학문이에요. 이 학문에서는 각종
수술과 약물의 투여로 정신 질환을 치료할 방법을 개발했으며,
이 방법들은 지금까지 연구된 정신 질환 치료법 중 가장
확실한 치료 효과를 보이고 있습니다. 현재 정신 질환 치료는
정신 생물학에서 연구한 방법을 가장 많이 사용하고 있고,
프로이트의 정신 분석을 통한 치료는 보조적으로 활용하고
있습니다.

4 인간의 정신에 관심을 갖다

프로이트, 무슨 고민 있는가?

아! 교수님.

얼마 전, 사랑하는 여자와 약혼을 했습니다.

그 방법밖에는 없을까요?

내가 봤을 땐 그렇네.

그래도 교수님 떠난다는 게…

자넨 유능한 의사가 될 수 있을 거야.

자네 같은 연구원을 잃어야 한다니 정말 아쉽군.

프로이트는 결국 5년간 일해 온 실험실을 그만둬야만 했습니다.

이렇게 실험실을 떠나야 한다니……

그럼, 아예 내가 있는 정신과에 와서 진료와 연구를 함께하는 것은 어떤가?

인간의 정신에 관심이 있다면, 내 밑에서 일해 보는 것도 나쁘지 않을 걸세.

교수님께 배울 수 있다면 영광이지요.

네?

우선 환자들을 돌보며 정신 질환에 대해 더 깊이 연구해 보게.

프로이트는 정신과에서 근무하며 본격적으로 인간의 정신에 관심을 기울이기 시작했습니다.

인간의 정신은 아직 밝혀지지 않은 부분이 많은 것 같아.

휴,
병원 일이 너무 바빠.
내가 하고 싶은
연구에 집중할 수
없네.

이러면 안 되는데
자꾸 우울한 기분이
들어.

이건 요즘 유행하는
코카인 가루네?

이 가루가
기분 전환에
도움이
된다던데.

한번 사용해
볼까?

아, 상쾌한 기분!
코카인 가루에
이런 효능이
있었군.

이렇게 사람의 기분을 즐겁게 하는 약이 있다니! 정말 놀라워.

코카인의 효능에 대해 더 알아봐야겠어!

프로이트는 당시 잘 알려지지 않았던 코카인이라는 물질에 대해 연구하게 되었습니다.

코카인은 기분 전환과 위장병에 효과가 있어. 그리고 마취 효과도 있는 것 같아.

맞아, 잠깐만 머금어도 혀에 마비가 온다고.

그게 정말인가?

눈에 사용할 마취제를 찾고 있었는데, 어쩌면!

혹시 모르핀처럼 중독 증상이 나타나지는 않나?

내가 직접 사용한 바로는 전혀 그런 일은 없었네.

그럼, 정말 대단한 약이잖아!

학계에 발표하면 큰 반응이 있을 것 같아.

오호.

프로이트 자네, 그렇게 되면 한턱내게.

그런데 문제가 있어. 당장 연구를 시작하고 싶지만, 먼저 마르타를 만나고 와야 할 것 같아.

마르타를?

마르타를 못 본 지 일 년이 넘었는데, 요즘 몸이 안 좋다고 하더라고.

중요한 시기인데, 괜찮을까?

콜러에게 연구 성과를 빼앗겼다는 이야기는 들었네.

배신감 때문에 아무 일도 할 수가 없어.

차라리 잘됐는지도 몰라.

코카인에 심각한 중독성이 있다는 이야기가 심심치 않게 나오고 있어.

정말인가?

코카인에 대한 연구는 이쯤에서 접는 게 맞을지도 몰라.

실의에 빠진 프로이트는 코카인이 마약일지도 모른다는 이야기에 연구를 완전히 포기하게 되었습니다.

자네 말이 맞네.

코카인 연구를
포기한 뒤로 도무지
일이 손에 잡히지
않는군.

똑
똑

프로이트.

벌
떡

브뤼케
교수님!

이야기는 들었네.

동료에게 연구 성과를 빼앗기고, 연구를 더 진행하지도 못하게 되었다면서?

정말 힘든 일을 겪었네.

충격이 너무 큽니다. 믿었던 친구인데.

그래도 이렇게 나약하게 있을 텐가?

열정적이었던 자네는 어디로 갔는가!

내가 자네를 파리에 있는 신경 정신학 전문 병원 수련의 자리에 추천했네. 6개월 정도 기분 전환한다고 생각하고, 유학을 다녀오게나.

절망에 빠져 있던 프로이트는 브뤼케 교수의 추천으로 파리 유학이라는 좋은 기회를 잡게 되었습니다.

1885년 10월, 프랑스 파리

여기가 교수님이 추천하신 살페트리에르 병원이구나.

가족들을 떠나 이렇게 먼 곳으로 온 것은 처음이라 조금은 외롭긴 하지만,

좋은 기회니 열심히 공부해야지.

무엇보다 이곳은 그 유명한 장 마르탱 샤르코 교수가 있는 곳이잖아.

예전부터 그의 강의를 들어 보고 싶었어.

휙 잉~

장 마르탱 샤르코는 신경계 질환으로 일어나는 간질병을 주로 진찰하는 의사였는데, 프로이트가 파리에 도착할 무렵에는 *최면술을 이용해 '히스테리'라는 정신과 관련된 질병에 대해 연구하고 있었습니다.

히스테리는 다양한 증상으로 나타납니다. 갑자기 온몸이 마비가 된다거나, 의식을 잃고 발작을 한다거나, 주체하지 못할 정도로 과장된 감정 표현을 하기도 해요.

그렇다면, 히스테리는 왜 일어날까요?

척

그게 원인이 있는 질병인가요?

여자들이 일하기 싫으면 부리는 꾀병이라고 알고 있는데요.

그건 완전히 잘못된 생각입니다.

저는 환자들을 오랫동안 진찰하면서, 히스테리가 환자들에게 고통을 주는 질병이라는 것을 확신하게 되었습니다.

히스테리가 질병이라니!

*최면술: 의식을 희미하게 만들어 의식 밑의 무의식을 드러나게 하는 방법

이 질병의 원인은 아직 확실하게 밝혀지지 않았습니다. 하지만 전 강렬한 감정이 인체의 신경계에 영향을 줘서 생기는 질병이라고 추측하고 있습니다.

당시 사람들은 히스테리를 대수롭지 않게 여겼기 때문에 샤르코 교수의 말을 믿기 어려워 했습니다.

히스테리의 원인을 정신적 충격이라고 보다니, 놀랍군.

믿을 수 없습니다.

히스테리가 실제 질병이라고 하더라도, 원인은 여성의 자궁 때문 아닙니까?

그렇지 않습니다. 오늘 최면을 통해 환자의 감정을 건드려 히스테리를 일으켜 보겠습니다.

소문의 최면술을 직접 볼 수 있겠군!

웅성   웅성

숨을 천천히 몰아쉬고, 가장 평온했던 상태로 돌아가세요.

하악 하악

자, 아까 최면 상태의 일들이 기억납니까?

전혀 기억나지 않아요.

다들 잘 보셨습니까? 히스테리는 최면술을 통해 일으킬 수 있어요.

와 아~

우리는 최면을 통해 히스테리의 원인 중 하나가 감정이라는 것을 추측할 수 있습니다.

흠, 이것과 비슷한 이야기를 이미 들어 본 적이 있는걸?

도저히 물을 못 마시겠어요. 목에서 넘어가지 않아요.

그 계기가 무엇인지 생각이 나나요?

새, 생각이 날 것 같아요!

기억났어요! 개, 바로 개 때문이에요.

개요?

언젠가 개 한 마리가 컵의 물을 핥아 먹고 있는 것을 본 적이 있어요.

그때 속이 메스껍고 구역질이 났어요.

흐음.

브로이어 박사가
이야기한 안나 O도
정신적인 충격으로
히스테리에 걸렸었어.

충격을 받은
사건을 이야기한 두
증상이 나아졌고
말이야.

정신적인 문제가
히스테리를 일으키는
원인 중 하나라는 것은
분명하군.

이것은 원인이 명확하지 않은
다른 정신 질환에도 해당하는
이야기일지 몰라.

그런데 아무리
생각해도
이상해.

왜 두 환자는 평상시에 히스테리의 원인을 전혀 기억하지 못했을까?

그러다 최면에 걸렸을 때 히스테리에 걸린 이유를 생각해 냈지.

평상시 인간은 주변의 사물이나 사건을 스스로 인식할 수 있는 '의식'이 있는 상태야.

그렇다면 최면에 걸렸을 때는 의식이 있는 상태가 아니라는 것일까?

최면의 역사와 활용

프로이트에게 큰 영향을 준 장 마르탱 샤르코 교수가
최면술로 히스테리를 이끌어 내는 모습

최면은 감각이나 생각 등에 영향을 끼치는 여러 가지 행위를 통해 사람의 의식을 잠에 가까운 상태로 이끌어 내는 것을 말합니다. 여러분은 텔레비전 프로그램에서 최면술사가 최면을 걸 사람 앞에 촛불을 켜 놓은 채 '이 촛불을 응시하면, 내 눈꺼풀은 점점 무거워져서 곧 눈이 감긴다. 그러면 나는 최면 상태로 들어간다.'는 말을 끊임없이 되풀이하는 장면을 본 적이 있을 겁니다. 이것이 바로 최면의 과정이지요. 이 같은 방법을 통해 최면에 걸리면 몸과 마음이 편하게 풀어지면서, 환자는 평소에 기억하지 못했던 것을 기억해 내거나 평소에 하지 않았던 행동 등을 하게 됩니다. 최면술사들은 최면에 걸린 상태에서는 70퍼센트의 무의식과 30퍼센트의 의식 상태가 공존하고 있다고 말해요. 최면은 인간의 무의식에 직접 접근할 수 있는 하나의 통로인 것입니다.

하나 　 고대의 최면

최면의 역사는 무척 오래되었습니다. 원시 시대 주술사인 샤먼은 병을 치료하기 위한 목적으로 어둡고 조용한 방에 일정한 북소리나 노랫소리가 들리게 해서 사람에게 최면을 걸었어요. 그리고는 병이 낫는다는 강한 암시를 심어 주어 치료를 도왔지요. 지금으로부터 3,000여 년 전에 쓰인 이집트 의학서에는 '잠자는 사원이라는 신성한 장소에서 사제들이 환자들을 잠들게 한 뒤, 이상한 주문을 외우면 순식간에 병이 낫는다.'는 기록이 남아 있기도 합니다.

샤먼에게 있어 북은 중요한 주술 도구로, 병이 낫는다는 암시를 주어 치료를 돕곤 했습니다.

둘 최면을 활용한 안톤 메스머

고대에 활용되었던 기초적인 형태의 최면을 어느 정도의
체계를 갖추고 활용하기 시작한 사람은 프란츠 안톤
메스머입니다. 그는 대학교에서 의학을 전공한 뒤, 질병의
치료법 연구에 골몰했습니다. 그 결과, 인간이 물과 철로부터
힘을 얻어 건강을 회복할 수 있다는 결론을 얻었지요.
메스머는 다양한 증상의 질병을 가지고 있는 환자를
치료할 때 그 환자가 한쪽 끝이 물에 잠긴 철 막대를 잡고
조용히 앉아 있도록 했어요. 그런 다음 환자들의 신체를
마사지하는 방식으로 병을 치료했지요. 이러한 방식은 사실
의학적 근거가 전혀 없는 방법이었습니다. 그는 당시 많은
사람에게 사기꾼이라고 큰 비난을 받기도 했지요. 하지만
놀라운 점은 메스머가 이런 허무맹랑한 치료법으로 사람들의
질병을 실제로 치유한 적이 있다는 거예요. 도대체 그는
어떻게 사람을 치료할 수 있었던 걸까요?

프란츠 안톤 메스머(1734~1815년)

사실 메스머가 사람들을 치료할 수 있었던 것은 철
막대와 마사지 때문이 아니었습니다. 그는 사람들을
치료하면서 자기도 모르게 몇 가지 특정 행동을
반복적으로 행했는데, 그 행동은 환자에게 최면을
걸어 질병이 치료되었다고 믿게끔 만들었어요.
그리고 그 믿음이 실제로 환자의 질병을 치료한
것이었습니다. 메스머는 치료를 되풀이하며 최면의
효과에 대해 깨닫게 되었고, 그것을 적극적으로
활용하기 시작했지요.

최면 요법은 지금도 심리 치료에 유용하게 사용되고
있습니다. ⓒ 셔터스톡

훗날 파리 의학 협회가 메스머의 치료법을 대대적으로
비난하면서 메스머의 인기는 시들었지만, 그 이후
최면은 활발하게 연구되었어요. 메스머가 있었기에 최면이
지금처럼 다양한 분야에서 활용될 수 있었습니다.

최면이 치료의 영역에서 다루어지기 시작한 것은 1800년대 영국에서부터였습니다. 영국의 의사인 존 엘리어트슨은 수술을 앞둔 사람에게 최면으로 마취를 걸었고, 1,800건이 넘는 수술을 성공적으로 해내기도 했습니다. 또 다른 의사 제임스 에스데일은 그보다 많은 3,000건의 수술에 최면 마취를 시도해 환자의 고통을 줄이는 데 성공했지요. 이후, 최면은 마취제가 도입될 때까지 수년간 마취 목적으로 사용되었습니다. 최면을 이용한 마취는 연구를 통해 발전을 거듭하고 있습니다. 현재 최면 마취는 마취제를 사용할 수 없거나 마취제의 사용이 위험한 환자들에게 주로 시도되며, 맹장 수술 같은 간단한 수술에서부터 출산을 앞둔 산모의 고통을 줄여 주거나, 팔과 다리를 절단하는 등의 큰 수술에까지 활용되고 있습니다.

존 엘리어트슨(1791~1868년)은 최면 마취로 수술 중 환자의 고통을 덜곤 했습니다.

who? 지식사전

전신 마취의 경우, 인공호흡기를 통해 마취제를 몸속에 투여합니다.
ⓒ isafmedia

마취제의 위험성

마취제가 개발된 뒤, 인류의 수명은 획기적으로 늘어났습니다. 바로 수술이 가능해졌기 때문이지요. 마취제가 발명되기 전에는 수술을 통해 완치될 수 있는 병도 피부를 찢고, 살을 가르는 고통을 견딜 수 없어서 수술이 불가능했습니다. 마취제를 통해 통증 등의 감각을 없앨 수 있게 된 뒤부터 인류는 병을 치료하는 데 있어 엄청난 진보를 이룰 수 있었지요. 하지만 마취제가 언제나 인류의 수명을 늘려 주는 것은 아닙니다. 마취제를 사용한 뒤, 목숨을 잃는 사례가 끊임없이 발생하고 있기 때문이지요. 인간의 의식과 감각을 사라지게 하는 마취제가 호흡이나 심장 기능에 부작용을 일으켜서 벌어지는 일입니다.

사람에 따라 마취제 용량과 마취 시간 등을 세밀하게 조정해야 하는데, 그게 잘 안 되면 마취 중 숨을 쉬는 통로인 기도가 막히거나 뇌의 기능이 떨어져 호흡을 하지 못하는 등의 심각한 증상이 나타나기도 해요. 이때, 제대로 된 처치를 받지 못하면 장기가 손상되거나 목숨을 잃게 됩니다.

최면 치료를 사용하는 모습을 그린 리처드 버그의 그림

넷   최면을 통한 정신 질환의 치료

최면은 1800년대 후반에 이르러 정신 질환에 본격적으로 활용되기 시작합니다. 그것은 최면이 인간의 정신에 가장 직접 작용할 수 있는 것이기 때문이었어요. 프랑스의 의사 리에보와 베른하임이 최면을 통한 정신 질환 치료에 큰 성공을 거둔 이후, 많은 의사가 최면으로 환자를 치료하기 시작했습니다.

20세기 이후로는 제1, 2차 세계 대전이라는 두 번에 걸친 큰 전쟁을 겪은 군인들을 상대로 최면을 이용한 치료를 시도했습니다. 그 결과, 최면이 전쟁으로 인한 정신적인 상처를 극복하는 데 도움이 된다는 결과를 얻게 되었고, 최면에 대한 연구도 활발히 전개되었지요. 최면은 불치병 환자들의 고통을 덜어 주는 방법 등으로 활용되면서 1955년 영국 의학계를 시작으로 세계의 의학계에서 정식 치료법으로 인정받았습니다.

앙브루아즈 오귀스트 리에보는 최면을 이용해 정신 질환을 치료하는 방법을 개발했습니다.

최면 요법을 받을 때 주의해야 할 사항

최면 요법을 받는 사람들
© MilitaryHealth

최면 요법은 최면을 통해 정신 질환을 치료하는 방법입니다. 이 방법은 인간의 깊은 잠재의식을 건드리는 것이기 때문에, 이것을 통해 질환을 치료받기 위해서는 몇 가지 주의해야 할 사항들이 있습니다.

1. 최면 수련을 받은 전문적인 치료자에게 치료를 받습니다. (만약, 부적격한 치료자가 해당 질환의 치료 방침에 어긋나는 암시를 주는 경우에 더 부정적인 영향을 끼칠 수 있습니다.)
2. 재미 혹은 흥미를 위해 최면을 시도하지 않습니다.
3. 권위적으로 정신 질환의 증상을 제거하지 않습니다.
4. 최면을 이용한 잠재의식의 탐구는 조심스럽게 합니다.
5. 정확한 진단을 한 다음에 최면 치료를 합니다.
6. 환자가 최면을 원할 때만 합니다. (보호자는 원하지만, 환자가 원하지 않는 경우에는 억지로 해 봐야 도움이 되지 않습니다.)

5 무의식을 발견하다

그리고 최면에
걸린 사람은 평상시와
다른 의식 상태라는
것도 알 수 있었어.

그 상태는 마치
제대로 된 의식이 없는
상태와도 같았지.

그렇다면,
혹시?

사람의 정신은 '의식'과
'무의식'으로 나뉘는 것이
아닐까? 최면에 걸린 사람은
'무의식' 상태인 거지!

맞아! 사람의 정신에는
자기 스스로 파악하지 못하는
부분이 존재할지도 몰라.
그리고 그 부분에 히스테리와
같은 정신 질환의 원인이
숨어 있을 거야.

프로이트는 안나 O와 샤르코 박사의 최면술을 통해
사람의 정신 속에 자신도 알지 못하는 '무의식'의
세계가 있을지도 모른다고 생각하게 되었습니다.
프로이트는 이 '무의식'을 연구함으로써 환자들의
정신 질환을 치료할 수 있을 거라 생각했습니다.

그러니까 교수님 말씀은 히스테리의 원인이 다양하다는 것이죠?

그렇지.
부모에게서 물려받은 요인도 있을 테고,
몸속 신경계에 문제가 생기는 것도 있을 테지.

물론 히스테리가 질병으로 인정받게 된 것도 얼마 되지 않았으니 더 많은 연구가 필요할 것이네.

그렇다면, 강렬한 감정이나 기억 같은 것들이 히스테리를 일으키는 걸까요?

그것도 원인 중 하나겠지만, 결정적이라고는 할 수 없을 것 같네.

모든 질병은 인간의 신체에 문제가 있기 때문에 일어나는 거야.

저는 정신적인 문제가 히스테리를 일으키는 결정적인 원인일 수 있다고 생각해요.

그것은 조금 논리적이지 않은 의견인 것 같군.

히스테리가 질병인 것이 확실한 이상, 아마 제일 큰 원인은 신체적인 문제일 걸세.

사람의 정신을 움직일 수 있는 최면술을 이용해 히스테리 발작을 이끌어 낸 샤르코 박사지만, 정작 자신은 히스테리의 주요한 원인을 정신적인 문제라고 생각하지 않았습니다. 당시 의학계에서는 모든 질병의 가장 큰 원인은 신체에 있다고 생각했기 때문입니다.

그럼 최면에 걸린 사람의 의식 상태에 대해서는 어떻게 생각하십니까?

최면에 걸린 사람의 의식 상태?

최면에 걸렸을 때의 환자는 평상시와 다른 의식 상태로 보였습니다. 아예 의식이 없는 '무의식' 상태가 아니었을까요?

아예 의식이 없는 상태라고?

그런 말은 처음 듣네. 인간에게 자신이 알지 못하는 정신세계가 존재한다니 말도 안 돼.

이전까지 사람들은 인간을 논리적이고 합리적인 존재라고 생각했습니다. 그런 생각의 바탕에는 명확한 '의식'이 있었습니다. 프로이트가 주장한 '무의식'은 당시 사람들이 한 번도 생각해 보지 못했던 개념이었습니다.

요즘 샤르코 교수님과 같이 있는 시간이 길던데. 교수님은 어떠신가?

배울 점이 참 많아. 특히, 히스테리에 관한 연구는 정말 독창적이시지.

부럽군. 나도 그분 아래에서 배워 보고 싶어.

하지만 한 가지 아쉬움이 남는 게 있어……

그게 무언가?

그건…….

히스테리의 원인에 대해 나와 생각이 다르다는 점이지.

?

사람들은 히스테리와 같은 정신 질환의 원인을 신체적인 문제에서 찾고 있어. 하지만 나는 기억이나 감정같이 정신적인 것에 가장 큰 원인이 있다고 생각해.

그리고 그 정신적인 원인의 중심에는 무의식이 있을 거야. 이제부터 난 사람의 정신에 대해서 연구해 보겠어!

1886년 봄. 프로이트는 파리 유학 생활을 뒤로하고 빈으로 돌아갔습니다.

빈에 돌아가면 내가 직접 히스테리 환자들을 치료해 보고 싶어.

오스트리아 제국의 수도, 빈

드디어 개업 준비가 끝났어.

프로이트는 빈으로 돌아와 개인 병원을 개업했습니다.

환자들이 많이 와야 할 텐데.

며칠 전부터 팔이 저리기 시작하더니, 마비가 왔다고요?

네, 정말 죽겠어요.

히스테리 증상 같아 보이는데.

다음 주 화요일에 봬요.

프로이트의 병원을 찾아오는 환자 중 많은 수가 히스테리를 앓고 있는 사람들이었습니다. 그것은 당시 히스테리의 원인과 치료 방법이 명확하게 밝혀지지 않아, 많은 사람이 고통받고 있었기 때문입니다.

그래, 이 환자도 역시 히스테리 환자였어.

히스테리로 고통받는 환자들이 정말 많군. 그들을 치료하기 위해서는 무의식에 대해 더 연구해야 해.

왜 아니겠어요.
바로 그 이유예요.

정말
너무하는군요.

자신들과
생각이 다르다는
이유만으로
불이익을
주다니.

의사 협회 사람들이
이럴 줄은 몰랐어요.

프로이트······.

내가 유대인이라서
더 비난하는 걸까요?

빠
드

득

난 틀리지 않았어.
그들이 받아들이지
못한다면, 앞으로
의사 협회에 나가지
않겠어!

꽉

생각을 뒤바꾼 위대한 발견

미국의 대표적인 시사 주간지인 〈타임〉은 20세기의 가장 위대한 과학자로 알베르트 아인슈타인과 지크문트 프로이트를 꼽았습니다. 그것은 프로이트가 만든 '정신 분석학'이 정신 질환자에 대한 치료에서부터 인간 행동과 감정, 성격을 이해하는 데 엄청난 영향을 끼쳤기 때문이에요. 프로이트는 정신 분석학을 통해 인간의 정신에 새로운 영역이 있고, 그것을 과학적으로 탐구할 수 있다는 사실을 사람들에게 알려 주었습니다.

프로이트는 자신의 연구가 이처럼 인간의 정신세계에 큰 영향을 끼칠 것이라는 사실을 알고 있었어요. 그는 자신의 연구와 함께 니콜라우스 코페르니쿠스의 '지동설'과 찰스 다윈의 '진화론'은 인간을 세상의 중심이라고 생각했던 사람들의 생각을 완전히 뒤바꿔 놓았다고 평가했지요. 프로이트는 1917년 〈정신 분석학의 한 가지 어려움〉에서 자신과 코페르니쿠스와 다윈을 서구 지성사의 3대 혁명가라고 평가하기도 했답니다.

정신 분석의 창시자, 지크문트 프로이트

하나   니콜라우스 코페르니쿠스의 지동설

니콜라우스 코페르니쿠스가 살았던 15세기 유럽에서는 우주의 중심에 지구가 있다고 생각했습니다. 태양과 달, 수성과 목성 같은 천체의 중심에 지구가 있고, 그런 천체들이 지구를 중심으로 돌고 있다고 생각한 것이지요. 고대 그리스 시대부터 이어져 내려온 이런 생각에는 인간이 우주에서 가장 중요한 존재라는 생각이 밑바탕에 깔려 있습니다. 바로 이 '천동설'은 기독교의 사상과 만나 사람들의 의식에 더욱 뿌리내렸어요. 기독교는 지구와 인간을

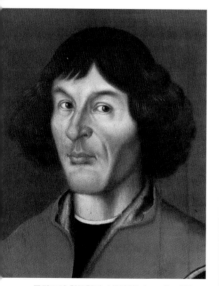

폴란드의 천문학자, 니콜라우스 코페르니쿠스

신이 창조했다고 생각했기 때문에, 지구를 중심으로
우주가 움직이고 있다는 주장에 힘을 실어 주었습니다.
하지만 코페르니쿠스에 의해 천동설과 반대되는 주장을
하는 '지동설'이 등장했어요. 코페르니쿠스는 지구가
우주의 중심이 아니며, 지구는 다른 천체들과 함께 태양
주위를 돌고 있다고 주장했어요. 그의 지동설은 천동설로
이해되지 않았던 다양한 천문학 이론들을 명쾌히 설명해
냈습니다. 하지만 사람들은 코페르니쿠스의 이야기를
믿지 않고, 심하게 비난했어요. 천 년 넘게 우주의 중심을
지구와 인간이라고 믿어 왔기에 그것이 아니라는 사실을
인정하기 힘들었기 때문이었지요.
하지만 당시 사람들의 극심한 반발에도 지동설은
점차 받아들여져 갔습니다. 과학이 발달하면서
지동설을 뒷받침하는 여러 가지 근거가 점점 많아졌기
때문이었습니다.

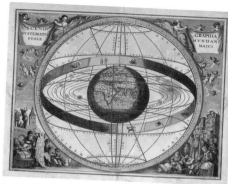

'천동설'을 바탕으로한 우주의 모습

'지동설'을 바탕으로한 우주의 모습

who? 지식사전

지동설에 대한 당대 지식인의 반응

마르틴 루터(1483~1546년)는 당시
지동설을 믿지 못하고 이를 비난했습
니다.

• 비판적 반응
"하늘이나 하늘의 덮개, 해와 달이 아니라 지구가 회전한다는 것을 입증하려고
발버둥치는 오만불손한 주장이 나왔다. 그 바보는 천문학 전체가 뒷걸음치기를 바라고
있다."_마르틴 루터

• 긍정적 반응
"지구는 우주의 중심점이라는 엄청난 특권을 포기해야 했다. 이제 인간은 엄청난
위기에 봉착했다. 낙원으로의 복귀, 종교적 믿음에 대한 확신, 거룩함, 죄 없는
세상, 이런 것들이 모두 일장춘몽으로 끝날 위기에 놓인 것이다. 새로운 우주관을
받아들인다는 것은 사상 유례가 없는 사고의 자유와 감성의 위대함을 일깨워야 하는
일이다."_요한 볼프강 폰 괴테

둘 찰스 다윈의 진화론

과거 유럽에서 종교의 영향이 강력하던 시절에는, 신이 만물을 만들었다는 생각이 짙게 깔려 있었습니다. 이것을 '창조론'이라고 합니다. 하지만 1859년 다윈이 《종의 기원》을 발표하고 난 뒤, 창조론은 큰 도전을 받게 되었습니다.

다윈은 해군 측량선 비글호를 타고 남아메리카와 남태평양의 여러 섬과 오스트레일리아 등을 탐사하며 다양한 식물과 동물에 관해 관찰 기록을 남겼고, 그 기록을 통해 생명체가 살아남기 위해 환경에 맞춰 변화한다는 것을 깨닫게 되었습니다. 다윈은 이에 관한 내용을 《종의 기원》이라는 책을 통해 정리했지요. 다윈은 이 책에서 모든 생물체는 환경에 적응해 살아남기 위해 하등한 생물체에서부터 고등한 생물체로, 단순한 구조에서 복잡한 구조로 진화해 왔다고 이야기했어요.

이 책은 출간되자마자 사람들에게 큰 충격을 주었습니다. 생물학 분야에선 창조론을 바탕으로

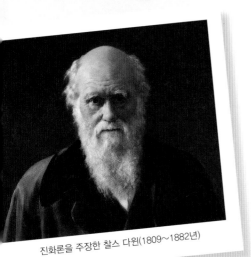

진화론을 주장한 찰스 다윈(1809~1882년)

비글호의 탐험 경로

who? 지식사전

찰스 다윈을 원숭이에 빗대서 풍자한 삽화

원숭이가 된 다윈

1859년 11월 22일 화요일, 찰스 다윈이 《종의 기원》을 출간했습니다. 초판 1,250부가 당일로 매진된 이 책은 영국 사회에 엄청난 파문을 일으켰어요. 다윈이 책에서 주장한 '사람과에 속한 두 종(인간과 원숭이)은 서로 연관이 있으며, 그들이 공동의 조상을 가졌던 시기가 있었다.'라는 말은 '인간의 조상은 원숭이다.'라는 말로 왜곡되어 사람들에게 전해졌지요. 이 말을 들은 신문과 잡지들은 다윈을 원숭이의 모습으로 그린 그림을 실어 그를 조롱했고, 각계의 종교 인사들은 다윈을 옹호하는 과학자들을 향해 '당신이 원숭이의 자손이라면 할아버지 쪽이 원숭이인가요? 아니면 할머니 쪽인가요?'라는 말을 던지며 놀리기도 했습니다.

한 학설을 고쳐야 했습니다. 많은 과학자는 다윈이 과학적인 관찰과 탐구를 통해 이런 결과를 얻었다는 것을 알았기 때문에 그의 의견을 옹호했어요. 하지만 일반인 대부분과 종교계 인사들은 다윈의 진화론은 말도 안 되는 이야기라고 생각했어요. 무엇보다 다윈의 주장을 받아들이면, 인간은 동물과 다를 바 없는 존재가 된다고 생각했기 때문이었습니다.

하지만 다윈 이후로 많은 과학자가 진화론을 증명할 만한 다양한 증거를 찾아내면서, 점차 사람들은 진화론을 받아들이기 시작했어요. 이제는 많은 사람들이 인간도 다른 동물과 같이 환경에 적응해 진화한 존재라고 생각하고 있습니다.

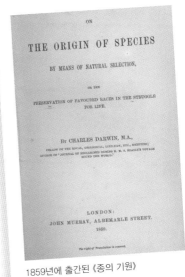

1859년에 출간된 《종의 기원》

셋   지크문트 프로이트의 무의식

프로이트가 만든 정신 분석학의 핵심인 무의식은 인간의 정신세계를 완전히 뒤엎을 만한 중대한 발견이었습니다. 무의식의 존재는 '인간은 이성을 바탕으로 합리적인 결정을 내리는 존재'라는 생각이 틀릴 수도 있음을 보여 주는 증거이기 때문이었습니다. 프로이트는 무의식의 발견을 통해 인간의 정신 안에는 의식보다 훨씬 넓은 무의식의 세계가 존재하고, 인간의 행동과 감정 등은 그 무의식에 큰 영향을 받고 있다는 것을 밝혔지요.

프로이트는 "자아는 그 자신의 집에서 주인이 아니다."라는 말로 자신의 발견을 요약했습니다. 그의 발견으로 사람들은 인간에게 가장 중요한 덕목으로 생각되었던 이성이 무의식의 바다에 떠 있는 '작은 섬'과 같은 것이라는 사실을 인정하게 되었습니다.

무의식은 흔히 빙산에 비교됩니다. 무의식의 세계는 겉으로 드러난 인간의 의식보다 광대하기 때문입니다.
© Uwe Kils

6 꿈의 해석

나의 연구를 이해해 주는 사람이 없다니…….

정말 힘들군.

프로이트!

삐걱~

잘 지냈나?

브로이어
교수님!

이게
얼마 만이야.

자네 이야기는 들었네.
의사 협회의 반응이
냉담했다며?

네, 이렇게까지
제 연구를 이해하지
못할 줄은 몰랐어요.

너무 실망하지 말게.
그래서 자네에게 친구를
한 명 소개하려고 하네.

빌헬름 플리스라는
친구인데, 자네와
마음이 잘 통할 거야!

저는 생명에는
일정한 주기가 있다고
생각합니다.
그것은……

이 친구의 생각은 아주 신선하고 놀라워. 게다가 내 연구에 대한 이해력도 놀라워.

앞으로 친하게 지냅시다.

플리스와 프로이트는 멀리 떨어진 곳에 살았지만, 서로의 연구를 잘 이해해 주는 좋은 친구가 되었습니다.

친애하는 플리스. 자네가 날 이해해 줘서 얼마나 고마운지 모르겠네. 자네 덕분에 나는 내 연구에 자신감을 갖게 되었어.

머리가 너무 어지러워서 걸어 다니지 못할 정도예요.

이 환자도 히스테리 증상을 보이는군.

점점 히스테리 환자가 많아지는 것 같아.

어떻게 하면 히스테리를 치료할 수 있을까?

일단, 일반적으로 많이 쓰는 방법으로 치료해 보자.

당시에는 히스테리 환자들을 치료하기 위해, 전기 충격, 냉수 목욕, 마사지 등의 방법을 사용하고 있었습니다.

치료받기 너무 힘들어요.
효과도 없는 것
같고요.

그렇다면,
안나 O의 방법을
써 봐야겠어.

프로이트는 브로이어가 안나 O를 치료했던 방법을
사용하기로 했습니다. 바로, 최면술로 무의식에
접근해 히스테리의 원인이 되는 기억을 이야기하게
만드는 방법이었습니다.

자,
눈을 천천히
감으세요.

자, 이제 속이 왜
불편하게 되었는지
생각해 보세요.

예전에 누가 심하게
토하는 장면을 봤어요.
아마, 그때부터였던
것 같아요.

그리고 숨을
천천히 쉬어 보세요.

프로이트는 히스테리의 원인이 무엇인지, 또 최면술 외에
더 나은 치료 방법은 없는지 고민했습니다.

저…….
프로이트 박사님
맞으신가요?

그러던 어느 날, 한 환자가 프로이트를 찾아왔습니다.
프로이트는 그녀를 '엠미 폰 N'이라는 가명으로
불렀습니다.

전 오랫동안
환각과 발작을
겪어 왔어요.

누군가 절 비난하면
얼굴 한쪽이
미칠 듯이 아프기도
하고요.

자, 최면 치료를 시작해 보죠.

지금 최면이 걸린 걸까?

엠미 폰 N에게 최면 치료는 효과가 없어.

일단 최면 없이 대화를 통해서라도 히스테리의 원인을 알아내야겠어.

언제부터 증상이 나타났나요?

잘 기억이 안 나요.

잘 생각해 보세요. 분명 원인이 있을 겁니다.

그러니까……. 음, 그러니까…….

더 깊이
생각해 보세요!

제발 그만 좀
물어보세요!

그저 내가 하고
싶은 말을 할 수
있도록 내버려
두라고요!

예전에 사촌 여동생이
정신 병원으로 끌려가는 것을
봤어요. 그 아이의 슬픈
눈빛을 잊을 수 없어요.

그때부터 히스테리
증상이 나타난 것
같아요.

엠미 폰 N은 머릿속에
떠오르는 이야기를 그대로
내뱉음으로써, 최면에 걸리지
않고도 무의식 속에 담긴
이야기를 꺼낼 수 있었어.

그녀는 무의식 속에 숨겨져 있었던 괴로운 기억을 이야기하면서 스스로를 치료했지.

이것은 자유롭게 기억을 떠올린다는 의미에서 '자유 연상' 치료법이라고 할 수 있겠군.

프로이트는 엠미 폰 N의 치료 과정에서 '자유 연상'이라는 새로운 히스테리 치료법을 발견했고, 인간의 무의식에 조금 더 가까이 다가갈 수 있게 되었습니다.

이후, 프로이트는 히스테리에 관한 연구를 더 진행했고 브로이어와 함께 《히스테리 연구》라는 책을 발표했습니다. 그 책에는 이때까지 이루어진 그의 모든 연구 결과가 담겨 있었습니다.

심한 충격을 받으면 충격을 준 기억은 잊힌다. 그러나 그 충격은 그 사람의 무의식에 남는다. 그리고 서서히 몸으로 흘러 들어가 병을 일으킨다. 이때, 환자가 의사 앞에서 충격받았던 기억을 떠올리고 이야기하면 병을 치료할 수 있다.

으윽,
으으윽.

으악!

도대체 내가
무슨 꿈을 꾼
거지?

분명 내 환자였던
엠마 에크슈타인이
나왔었어.

그러니까,
꿈속에서……

꿈속의
이르마는 분명,
엠마 에크슈타인이었어.

대체 왜
이런 꿈을
꾼 거지?

다음 날 아침

내가 얼마 전에
엠마 에크슈타인이라는
환자를 치료했다고
이야기했죠?

네, 기억나요.
그때 그 여자의 병이
무엇 때문에 생겼는지
고민했잖아요.

맞아요. 그때,
나는 그녀의 병이 코를
다쳤기 때문이라고
생각했고 수술을
권유했어요.

하지만 내 판단은
틀렸지요.

하지만 난 모든 잘못을
환자에게 돌렸어요.
내 실수를 인정하고 싶지
않았기 때문이었죠.

프로이트.

그것은
아주 비열한
행동이었어요.

그런데 오늘 꿈속에서 난,
환자가 고통받는 것을 모두
그녀의 탓으로 돌리며 아주 당당하게
환자를 비난했어요.

현실 속에서 했던 나의 잘못된 행동을 옹호하는 것 같은 꿈이었지요.

나는 꿈속에서도 비열한 놈이었어요.

그저 꿈일 뿐이에요.

아니에요. 이번에 꾼 꿈에는 나도 몰랐던 내 생각이 그대로 반영되어 있었어요.

환자에게 모든 책임을 돌리고 싶은 나의 비열한 속마음이…….

그것은 당신이 평소에 이야기하던 무의식과 비슷한 것 같네요.

그래! 바로 무의식이야.

내가 꾼 꿈은 자신을 위로하고자 한 나의 무의식이 반영된 거야!

캉

그래, 꿈을 연구하면 사람의 무의식을 알 수 있어! 꿈은 무의식으로 향하는 통로인 거야!

벌

떡

탕

프로이트는 꿈을 통해 사람의 무의식을 연구할 수 있다는 사실을 깨닫게 되었습니다. 어느 누구도 알지 못했던 무의식의 비밀에 한 발짝 다가서게 된 것입니다.

환자들의 진료 기록을 읽고 꿈의 비밀을 풀어야지.

진료 기록부

앞으로 더 바빠지겠어.

여보! 얼른 나와 봐요!

아버님이, 아버님이······.

아버지가 돌아가신 뒤부터 너무 우울하고 기운이 없어요.

아버님이 돌아가신 충격 때문이 아닐까요?

나는 사실 어린 시절부터 아버지와 별로 친하지 않았어요. 아버지의 죽음에 이렇게 충격을 받은 것이 이상할 정도지요.

그렇다면 당신이 자주 이야기하던 무의식과 관련이 있는 것 아닐까요?

무의식?

그럴 수도 있겠군!

그래! 이제 원인을 알겠어.

난 어린 시절, 복잡한 가족 관계 때문에 어머니의 사랑을 간절히 원했지.

그래서 여동생 안나가 무척이나 싫었어. 여동생에게 어머니의 사랑을 빼앗길까 봐 두려웠거든.

그건 내가 어릴 때 아버지를 좋아하지 않았던 이유와 비슷해. 아버지가 없으면 내가 어머니의 사랑을 독차지할 수 있을 것 같았거든.

아버지는 내 경쟁자였던 거야.

이런 어린 시절의 감정을 뭐라고 부르면 적당할까……

그래! 그리스 신화에 자신의 아버지를 죽이고, 어머니와 결혼한 오이디푸스에 대한 이야기가 있지.

내 어린 시절의 감정 상태를 오이디푸스의 이야기에서 따다가 '오이디푸스 콤플렉스'라고 이름 짓겠어!

프로이트는 철저한 분석을 통해 자신뿐 아니라 일반적인 남자아이들에게 공통으로 찾아볼 수 있는 '오이디푸스 콤플렉스'를 발견했습니다.

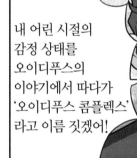

아버지에 대한 미움의 바탕에는 이런 갈등이 숨어 있었군.

내 마음이 유독 우울했던 것은, 아버지를 미워했던 어린 시절에 대한 죄책감 때문이었나?

프로이트는 여러 환자를 치료하면서 얻은 치료 사례와 연구 결과, 그리고 자기 자신의 정신 분석을 통해 얻은 지식을 1900년 《꿈의 해석》이라는 한 권의 책으로 펴냈습니다.

그동안 사람들은 인간은 논리적인 생각을 바탕으로 행동하는 아주 '이성적인 존재'라고 생각했습니다. 하지만 프로이트는 이 책을 통해 인간의 행동에는 이성뿐 아니라 '무의식'도 영향을 끼치고, 인간의 무의식은 꿈을 통해 알아낼 수 있다고 이야기했습니다.

하지만 책이 출간된 뒤, 대부분의 학자는 이 책의 내용을 크게 비판했습니다.

학회에서 히스테리에 대한 이야기를 발표할 때부터 알아봤어!

이런 글을 쓰는 프로이트는 정신이 이상한 것 같군!

이런 허무맹랑한 책을 내다니, 프로이트는 의사도 아니야!

꿈과 소원

지크문트 프로이트는 정신 질환자들을 진료하면서 환자의 꿈과 그들의 정신적 문제 사이에는 밀접한 관계가 있을지도 모른다는 생각이 들었어요. 그때부터 그는 환자들로부터 수천 개의 꿈을 수집해 그것을 분석했지요. 그 결과, 인간의 꿈에는 의식적이든, 무의식적이든 간에 어떤 소원을 충족하고자 하는 욕구가 나타난다는 결론을 내렸습니다. 그것은 '꿈은 소원의 실현이다.'라는 말로 정리할 수 있지요.

요한 헨리 푸젤리의 그림 〈양치기의 꿈〉

하나 꿈은 소원의 실현이다

자신이 어떤 꿈을 꾸었는지 분석하다 보면 자신이 간절히 원하는 소원이 무엇인지 알 수 있어요. 생각이 단순한 어린아이일수록 소원이 무엇인지 꿈을 통해 명확하게 드러나지요. 그러다 나이가 들면서 생각이 복잡해지면 꿈은 그 사람의 감정과 심리 상태, 다양한 일상적 이야기 속에 소원을 숨긴답니다.

이런 점 때문에 꿈은 크게 두 가지로 분류돼요. 소원이 무엇인지 명확하게 보여 주는 꿈과 꿈속에 반영된 소원이 무엇인지 알기 위해 꿈을 꼼꼼히 분석해야 하는 꿈이지요.

어린아이일수록 소원이 꿈을 통해 명확하게 드러 납니다. ⓒ Boston Public Library

소원을 명확하게 보여 주는 꿈

〈사례1〉

낮에 가족들과 함께 바다 여행을 한 소녀는 너무 짧은 여행에 무척 아쉬워했습니다. 그래서 여행이 끝날 무렵, 크게 울음보를 터뜨렸지요. 그다음 날 소녀는 꿈을 꿨어요. 꿈속에서 소녀는 혼자 보트를 타고 신나게 바다를 여행하고 있었답니다.

〈사례2〉

한 소년이 자그마한 체리 바구니를 삼촌에게 선물하게 되었어요.
평소 체리를 좋아하던 소년이었지만, 선물이었기에 단 하나의
체리만을 맛볼 수 있었지요. 그날 밤 체리 한 알을 먹고 잠든 소년은
아침에 일어나 다음과 같이 이야기했습니다. "꿈속에서 제가 체리를
전부 먹어 치우는 것이 아니겠어요!"

두 개의 꿈은 꿈을 꾼 아이들이 품은 소원이 무엇인지를
명확하게 보여 주고 있습니다. 〈사례1〉의 소녀는 아쉽게 끝난
바다 여행을 계속했으면 하는 소원을 품었고, 〈사례2〉의
소년은 삼촌에게 선물하는 체리 바구니 속 체리를 모두 먹는
소원을 품은 것이지요. 앞에서도 이야기했지만, 이렇게 소원이
무엇인지를 명확하게 보여 주는 꿈은 대부분 어린아이들의
꿈이랍니다.

프로이트는 인간의
욕구가 꿈을 통해
나타난다고 생각했어.

who? 지식사전

꿈속의 감정과 현실

감정은 어떤 대상이나 일에 대해 느끼는 기분이나 마음의 움직임을 나타내는 말이에요.
그럼, 꿈속에서 어떤 감정을 격하게 드러내는 것은 무엇을 의미하는 걸까요? 만약, 펑펑
우는 꿈을 꾸거나 누군가에게 심하게 화를 내는 꿈을 꾼다면 평소에 깊게 고민하거나
걱정하는 문제가 있다는 것을 의미합니다. 문제가 해결되길 원하는 마음이 꿈에 반영돼
크게 울거나, 심하게 화를 내면 찾아오는 개운한 감정을 원하고 있기 때문이지요. 그렇다면
무척 행복한 기분을 느끼는 꿈은 어떨까요? 그것은 현재 상황이 무척 불안하고 힘들어서
무의식적으로 행복함을 간절히 원하고 있다고 볼 수 있답니다.
물론, 꿈에 대한 해석은 항상 정확한 것이 아니에요. 어떤 상황에서 어떤 내용의 꿈을
꾸느냐에 따라 해석은 완전히 달라질 수 있기 때문이지요. 하지만 꿈속에서 느낀 감정을
곰곰이 살펴보면 자신의 심리 상태를 조금이나마 파악할 수 있답니다.

꿈속에서의 격한 감정은 현실의
상황을 반영하기도 합니다.
© memekode

분석이 필요한 꿈

〈사례〉

한 여인이 있습니다. 어느 날, 그 여인은 언니의 둘째 아들인 찰스가 죽어 장례식을 하는 꿈을 꾸었어요. 여인의 언니는 첫째 아들을 먼저 잃고, 하나 남은 찰스를 애지중지 기르고 있었습니다. 이 여인도 그런 찰스를 무척 아끼고 사랑했지요. 때문에 여인은 찰스의 장례식을 하는 끔찍한 꿈을 꾼 자신에게 무척 놀랐습니다.

성인의 꿈에서는 소원이 명확하게 드러나지 않아서 분석하기 힘들 수 있어.

이 꿈은 앞에서 이야기한 아이들의 꿈에 비해 무척 복잡한 이야기를 담고 있습니다. 프로이트는 여인에게 그녀의 삶에 관해 자세히 물었고 얼마 뒤, 꿈을 분석해 낼 수 있었습니다. 프로이트가 분석한 꿈에 관한 내용은 다음과 같습니다.

어린 나이에 고아가 된 여인은 언니의 집에서 자라면서 한 남자를 사랑하게 됩니다. 하지만 언니의 반대로 어쩔 수 없이 헤어지게 되지요. 몇 년 뒤, 여인은 언니의 첫째 아들 장례식에 온 손님 중에서 과거의 그 남자를 발견했어요. 여인은 아이의 죽음에 슬퍼하면서도, 한편으로 오랜만에 만난 남자가 무척 반가웠지요. 여인은 남자와 장례식에서 헤어진 뒤, 마음 한구석에서 계속 그를 만나고 싶다고 생각했습니다.

결국, 그런 그녀의 무의식은 언니의 하나 남은 아들인 찰스의 장례식 꿈을 꾸는 것으로 표현되었지요. 여인은 아이를 미워해서 그런 꿈을 꾼 것이 아니라, 아이의 장례식을 통해서라도 그 남자를 다시 만나고 싶었던 것이었습니다. 조금은 섬뜩할 수 있는 이야기지만, 이것은 성인들은 어린아이처럼 소원이 꿈속에 명확하게 드러나지 않는다는 것을 보여 주는 좋은 예입니다.

누군가를 강하게 그리워하면 그 마음이 꿈을 통해 드러납니다. ⓒ coolcal2111

둘 꿈속 소원의 근원

꿈속에서 이루어지길 원하는 소원은 크게 네 가지입니다. 첫째, 그 소원이 이루어지는 것을 간절히 원했지만, 여러 가지 상황 때문에 이루어지지 못해서 만족을 얻지 못했을 때입니다.

어린아이들은 만족을 얻지 못한 것을 꿈에서 이루고자 합니다.

둘째, 그 소원을 생각한 적이 있지만, 스스로 그것을 억누르는 때입니다. 예를 들어, 낮에 마음에 안 들었던 친구에 대한 험담을 들었습니다. 그 순간 험담에 동참하고 싶지만, 험담하고 싶은 마음을 꾹 눌러 참았지요. 이 경우, 그 친구를 험담하는 것을 암시하는 꿈을 꿀 가능성이 무척 높습니다.

셋째, 최근에 겪은 일과 아무 관련 없이 어린 시절부터 무의식 속에 간직하고 있었던 소원입니다. 어린 시절부터 훌륭한 인물이 되고 싶다고 생각했던 한 사람이 어느 날 꿈을 꿉니다.

우리는 꿈을 통해 억눌려 있거나 잊고 있던 우리의 무의식을 엿볼 수 있습니다. ⓒ h.koppdelaney

꿈속에서 그는 평소 친하게 지내지는 않았지만, 훌륭한 인물이라고 생각했던 A라는 교수가 되어 있었지요. 낮에 그 교수를 만나지도 않았고 그 교수와 친분을 맺지도 않았기에 그 꿈을 꾼 이유가 당장은 이해가 안 될 수도 있습니다. 하지만 곰곰이 생각해보면 어린 시절의 소원이 무의식 속에 남아 있다가 꿈을 통해 발현된 것이라 볼 수 있지요.

마지막으로 넷째, 밤에 잠을 자면서 생기는 소원입니다. 이때 생기는 소원은 본능적인 욕구가 담긴 경우가 대부분인데요. 잠을 자면서 목이 마르거나 화장실을 가고 싶을 때, 사람은 물을 마시고 화장실을 가는 꿈을 꾸면서 자신의 욕구가 해소되길 원한답니다.

잠을 자면서 어떤 욕구를 강하게 느끼면, 그에 관련된 꿈을 꾸기도 합니다. ⓒ RelaxingMusic

7 끝나지 않은 연구

이번 여행 덕분에 우울했던 기분이 많이 나아졌군.

그래! 힘을 내서 다시 연구하자!

프로이트가 로마를 여행하고 온 후로, 젊은 의사들을 중심으로 프로이트의 이론에 관심을 가지는 사람들이 늘어나기 시작했습니다. 히스테리와 같은 정신 질환을 가진 환자들 사이에서도 프로이트의 명성이 높아져 갔습니다.

《꿈의 해석》을 읽어 봤나?

그럼! 내용이 아주 신선하다고. 그동안 우리가 생각하지 못했던 부분을 잘 정리해 놨어.

프로이트라는 의사가 그렇게 유명하대요.

난 무의식에 관한 프로이트 교수의 의견에 전적으로 동의해.

맞아요. 히스테리를 잘 치료한대요.

저도 얼마 전에 그분께 치료받았어요. 전 이제 완전히 나았어요.

얼마 뒤, 프로이트는 오랫동안 바랐던 빈 대학교 의학부 교수가 되었습니다.

축하하네.

자네는 진작 교수가 돼야 했었어.

이제 더 열심히 연구해야죠.

1902년 가을, 프로이트는 매주 수요일 밤 정신 분석에 관심이 있는 다른 전문가들과 만나게 되었습니다.

프로이트 교수님, 꿈을 심리학적인 측면에서 해석하셨더군요. 정말 놀라워요.

교수님은 무의식이 꿈의 형태로 표현된다고 생각하시는 것 같던데요?

그렇습니다. 꿈은 무의식을 알아내는 가장 올바른 길이자, 가장 쉬운 길이죠.

무의식을 알아내는 것은 우리 정신세계의 비밀을 푸는 가장 큰 열쇠입니다.

저는 제 자신의 정신을 직접 분석하면서 정신적인 문제를 가진 환자뿐 아니라 정상인도 무의식에 지배를 받는다는 결론을 내렸습니다.

꿈을 통해 환자뿐 아니라 일반인들의 정신세계까지 이해할 수 있군요?

네, 맞습니다.

제 목표는 정신 분석을 통해 일반 사람들의 보편적인 심리가 어떤 것인지를 알아내는 것입니다.

《꿈의 해석》에 담긴 오이디푸스 콤플렉스가 그것을 뒷받침하는 증거죠!

안녕하십니까, 교수님. 저는 카를 융입니다.

아! 정신 분석학에 대한 편지를 많이 보내셨죠. 기억하고 있습니다.

교수님, 저는 알프레드 아들러라고 합니다.

오! 아들러.

융과 아들러 둘 다 정신 분석학에 관심이 많아서 항상 감사하게 생각하고 있습니다.

정신 분석으로 대표되는 프로이트의 학문은 '정신 분석학'이라는 이름으로 점점 더 알려졌고, 많은 학자가 그를 찾아와 의견을 나누었습니다. 카를 융과 알프레드 아들러도 그중 하나였습니다.

으.

움
찔

턱이 계속
아픈가 봐요.

요즘 들어 부쩍
심해지는 것
같아요.

아무래도 진찰을
받아 보는 게 좋을
것 같아요.

아무래도 병이
생긴 것 같은데.

구강암입니다.
수술하셔야 할 것
같습니다.

오
오
오

전쟁이 끝난 뒤,
모든 고생이 끝난 줄
알았는데 암이
찾아오다니.

으윽.

부르르

고통이 심해 못 먹겠어요.

프로이트, 괴롭겠지만, 먹어야 해요.

1923년, 프로이트는 제1차 세계 대전이 끝난 지 5년 되던 해에 구강암에 걸렸고, 33번의 수술을 받으며 고통스러운 투병 생활을 이어 나갔습니다.

스윽

그 몸으로 환자를 돌보려고요?

몸이 아프다고 진료와 연구를 쉴 수가 있나요.

더는 이곳에서 살 수 없겠어.

결국, 유대인이라는 이유만으로 재산과 연구 자료를 몰수당한 프로이트는 친구들의 도움으로 그해 6월, 빈을 떠나 런던으로 향했습니다. 인생의 대부분을 살아온 도시를 떠나게 된 것입니다.

교수님, 얼른 저를 따라오세요.

평생을 살아온 도시를 이렇게 떠나는군.

영국 런던.

프로이트, 영국에까지 와서도 연구를 계속하는 건가요?

장소가 어디든 나에게 문제 될 것은 없어요. 연구는 내가 죽는 날까지 끝나지 않을 거예요.

프로이트!

1939년 9월 23일, 프로이트는 미완성된 '정신 분석학 개관' 원고를 남겨 둔 채 세상을 떠났습니다.

프로이트는 유대인으로서 평생을 차별로 고통받았습니다. 하지만 인간의 정신에 대한 연구를 포기하지 않았고 결국, '정신 분석학'이라는 새로운 학문을 만들어 사람들의 인정을 받았습니다.

그의 연구는 정말 대단해.

프로이트만큼 인간의 정신을 깊이 있게 탐구한 연구자는 없을 거야.

쾌락과 원칙을 넘어서

자아와 이드

꿈의 해석

미국의 저명한 신문, 〈타임〉 지는 프로이트를 20세기에 가장 큰 영향을 끼친 인물 중 한 명으로 꼽았습니다. 프로이트가 만들어 낸 새로운 학문과 연구를 통해, 사람들은 비로소 인간의 정신을 더욱 깊고 넓게 이해할 방법을 알게 되었기 때문입니다.

죽는 날까지 인간의 정신에 대해 깊이 연구한 프로이트. 그는 사람들에게 '무의식'이라는 새로운 정신세계와 그 세계를 탐구하는 방법을 알려 주었습니다. 그 덕분에 인간은 자신의 내면에 자기도 알지 못했던 깊은 심연이 있다는 것을 알게 되었습니다. 오늘날 인간의 정신을 탐구하는 수많은 사람에게 프로이트는 정신의 세계를 넓힌 '위대한 개척자'로 기억되고 있습니다.

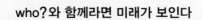

who?와 함께라면 미래가 보인다

어린이
진로 탐색

정신과 의사

어린이 친구들 안녕?
지크문트 프로이트 이야기 재미있게 읽었나요?

그렇다면 이제부터
지크문트 프로이트가 꿈을 키워 가는 과정을 함께 되짚어 보며
그가 활동한 분야와 그 분야에 속한 다양한 직업에 대해
살펴봐요!

또한 여러분에게는 어떤 장점과 적성, 가능성이
숨어 있는지 찾아보면서
그것을 어떻게 진로와 연결시킬 수 있는지에 대해서도
알아봅시다.

그럼 지금부터
여러분이 멋진 꿈을 향해 나아갈 수 있도록 도와줄
진로 탐색을 시작해 볼까요?

자기 이해부터
진로 체험까지,
다양한 진로 탐색
활동을 시작해 봐요!

감정 그래프 그리기

프로이트는 어린 시절 자신이 느꼈던 아버지에 대한 감정, 동생에 대한 질투 등의 이유를 잘 생각한 끝에 많은 사람에게 영향을 미치는 정신 분석 이론을 내놓을 수 있었어요. 자신의 감정을 잘 돌아보았기에 가능한 일이었지요. 여러분도 지금까지 살아오면서 느꼈던 점들을 그래프로 표현해 볼까요? 자신에게 일어났었던 큰 사건마다 어떤 감정이었는지를 점으로 찍고, 점들을 연결해 보세요. 자신에 대해 더 잘 알게 될 거예요.

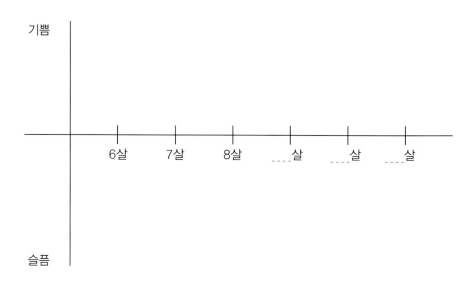

6살	예 유치원에서 가장 친한 친구를 만나게 되어 기뻤어요.
7살	
8살	
살	
살	
살	

나에게 용기를 준 사람은?

프로이트는 어린 시절 유대인이라는 이유만으로 미움을 받았어요. 하지만 책에서 읽은 한니발 장군의 모습을 보며, 이럴 땐 참기보다는 용기를 내 한 사람으로서 당당해지고자 노력했지요. 이처럼 책 속이나 주변 인물 중에는 여러분에게 힘을 주는 사람들이 있을 거예요. 여러분에게 용기를 준 사람은 누구인지 생각해 보고, 편지를 써 보세요.

존경하는 .... 께

안녕하세요. 저는 .... 입니다.

저는 ....

....

....

하시는 모습을 보면서 큰 용기를 얻었습니다.

저도 노력해서 ....

....

.... 하며 어려움을 이겨내고 싶습니다.

그럼, 안녕히 계세요.

.... 올림

진로
탐색
STEP 3

사람의 마음과 정신을 치료하는 직업은?

프로이트는 정신 장애나 심리, 스트레스와 관련된 문제를 치료, 또는 예방할 수 있도록 돕는 정신과 의사였어요. 정신과 의사는 상담이나 뇌 검사 등을 통해 문제를 진단하고 치료하지요. 현대 사회에서는 심한 경쟁 등으로 우울증이나 불안과 같은 마음의 문제를 가진 사람이 많아지면서, 이들의 마음과 정신을 치료하는 일의 중요성이 더욱 커지고 있어요. 그럼 사람의 마음과 정신을 치료하는 직업에는 또 어떤 것들이 있는지 알아볼까요?

임상심리사

하는 일:
심리 검사나 상담을 통해서 사람들의 심리적인 어려움이나 정신적인 문제를 찾아내고 치료하는 일을 해요.

✳ 어떤 자질이나 능력이 필요할까요?

- _____
- _____

음악 치료사
·
미술 치료사

하는 일:
음악 또는 미술 활동을 통해서 심리적인 어려움을 가지고 있는 사람들의 문제를 찾아내고 치료하는 일을 해요. 음악이나 미술을 통해 마음을 진단하거나 치료할 수 있는 방법을 연구하기도 해요.

✳ 어떤 자질이나 능력이 필요할까요?

- _____
- _____

정신과 의사가 치료하는 병은?

현대 사회에서는 심한 경쟁이나 빈부격차와 같은 문제로 스트레스와 같은 정신 질환에 시달리는 사람이 많아지고 있어요. 그래서 정신적인 문제를 보다 적극적으로 치료하고자 하는 사람들이 많아지고, 정신과 의사의 필요성이 늘고 있지요.
그럼 정신과 의사는 어떤 병을 치료할까요? 아래 보기에서 정신과 의사가 치료하는 병의 이름과 알맞은 설명을 연결해 보며 알아보아요.

1.	우울증 •	• ① 우울한 마음이 심해져 무엇인가를 하고자 하는 마음이나 좋아하는 감정이 없어져, 일상생활에 큰 불편을 느끼는 병입니다.
2.	공황 장애 •	• ② 충분한 시간을 자지 못하거나 깊이 자지 못하는 증상입니다.
3.	불면증 •	• ③ 나이가 들거나 다양한 원인으로 인해 뇌 기능이 손상되면서 기억력, 인지 능력이 떨어지는 증상입니다.
4.	치매 •	• ④ 크게 스트레스를 받거나 사람이 많은 곳에서 큰 공포를 느끼거나, 또는 아무 이유 없이 크게 불안해 하는 병입니다.

정답: 1-① 2-④ 3-② 4-③

진로
탐색
STEP 5

만약 정신과 의사가 된다면?

프로이트는 마음에 관련된 병뿐만 아니라, 사람이 어떻게 생각하고 감정을
느끼는지에 대해 분석했어요. 그의 연구에 힘입어 정신 분석학이라는 정신 의학의
분야가 생겨나기도 했지요.
여러분이 정신과 의사가 된다면 어떤 일을 하고 싶나요? 그 일을 하기 위해 어떤
노력을 해야 할지 함께 이야기해 보세요.

✳ **정신과 의사가 되어 이런 일을 하고 싶어요.**

㉮ 학업에 대한 압박감으로 정신적인 어려움을 겪게 되는 어린아이들을 돕고 싶어요.

✳ **정신과 의사가 되려면 이런 것을 배워야 해요.**

✳ **정신과 의사가 되기 위해서는 이런 성격이 필요해요.**

다른 사람의 이야기는?

프로이트는 대화를 통해서도 정신적인 충격으로 인한 히스테리 문제를 해결할 수
있다고 생각하였어요. 이렇게 정신적인 치료는 환자의 고통이나 아픔을 들어 주고
이해하는 마음에서 시작합니다. 아직 전문적인 치료는 힘들겠지만, 가족이나 친구의
이야기를 들어 주며 감정에 공감해 주는 것도 큰 도움이 될 수 있답니다. 내 주위
사람의 이야기를 듣고 아래 상담 일기를 적어 볼까요?

_____의 상담 일기

- **누구의 이야기를 들어 주었나요?** ------------------------------------

- **그 사람은 어떤 상황에 놓여 있었나요?**

- **그 사람의 감정은 어떠한 것 같았나요?**

- **그 사람에게 어떤 이야기를 해 주었나요?**

지크문트 프로이트

연표

1856년		5월 6일, 오스트리아 제국의 작은 도시 프라이베르크에서 태어났습니다.
1860년	4세	가족과 함께 오스트리아 제국의 수도 빈으로 이사했습니다.
1873년	17세	빈 대학교 의과 대학에 입학한 뒤, 이름을 지기스문트에서 지그문트로 바꿉니다.
1876년	20세	에른스트 브뤼케의 생리학 실험실에 연구원으로 들어갑니다.
1881년	25세	다른 사람보다 3년 늦은 8년 만에 의학부 졸업 시험을 통과하고 학위를 받습니다.
1882년	26세	마르타 베르나이스를 만나 약혼한 뒤, 안정된 생활을 위해 연구직을 포기하고 빈 종합 병원에 들어갑니다.
1885년	29세	코카인을 연구했지만, 마약 성분이 의심되어 연구를 중단합니다. 그런 그에게 스승인 에른스트 브뤼케는 프랑스 파리로 유학갈 기회를 줍니다. 그곳에서 인간의 정신에 대해 관심을 기울이게 되고, '무의식'에 대한 실마리를 찾습니다.

1886년	30세	빈으로 돌아와 종합 병원을 그만두고 신경 생리학 전문의로 개업한 뒤, 마르타와 결혼합니다. 빈 의사 협회에서 그간의 정신 연구에 대해 심한 비난을 받습니다.
1895년	39세	브로이어와 함께 히스테리 환자들의 사례와 치료법을 정리한 《히스테리 연구》라는 책을 출간합니다. '이르마 주사의 꿈'을 통해 꿈에 무의식이 반영된다는 사실을 깨닫습니다.
1896년	40세	정신 분석에 관심이 있는 다른 전문가들과 함께 수요 심리 학회를 창설합니다.
1914년	58세	제1차 세계 대전이 일어납니다. 이 시기 전쟁을 겪으며 '죽음 본능'에 대한 논문을 완성합니다.
1923년	67세	구강암 선고를 받습니다. 이후, 33번에 걸친 수술을 받으며 고통스러운 투병 생활을 이어 나갑니다.
1938년	82세	오스트리아가 독일에 합병된 뒤, 재산과 연구 자료를 모두 빼앗기고 영국으로 떠납니다.
1939년	83세	9월 23일, 영국 런던에서 삶을 마감합니다.

찾아
보기

who? 한국사

초등 역사 공부의 첫 단추! '인물'을 알아야 시대가 보인다

● 선사·삼국   ● 남북국   ● 고려   ● 조선

※ who? 한국사(전 47권) | 대상 초등학교 전 학년 | 책 크기 188×255 | 각 권 페이지 190쪽 내외

who? 인물 중국사

인물로 배우는 최고의 역사 이야기

※ who? 인물 중국사(전 30권) | 대상 초등학교 전 학년 | 책 크기 188×255 | 각 권 페이지 190쪽 내외

who? 아티스트

최고의 명작을 탄생시킨 아티스트들을 만나다

● 문화·예술·언론·스포츠

※ who? 아티스트(전 40권) | 대상 초등학교 전 학년 | 책 크기 188×255 | 각 권 페이지 190쪽 내외

who? 인물 사이언스

기술로 세상을 발전시킨 과학자들의 이야기

※ who? 인물 사이언스 (전 40권) | 대상 초등학교 전 학년 | 책 크기 188×255 | 각 권 페이지 180쪽 내외

who? 세계 인물

세상을 바꾼 위대한 인물들의 이야기

※ who? 세계 인물 (전 40권) | 대상 초등학교 전 학년 | 책 크기 188×255 | 각 권 페이지 180쪽 내외

who? 스페셜 · K-pop

아이들이 가장 만나고 싶고, 닮고 싶은 현대 인물 이야기

※ who? 스페셜 · K-pop | 대상 초등학교 전 학년 | 책 크기 188×255 | 각 권 페이지 190쪽 내외